北欧の森のようちえん
自然が子どもを育む

― デンマーク・シュタイナー幼稚園の実践 ―

北欧の森のようちえん
自然が子どもを育む

― デンマーク・シュタイナー幼稚園の実践 ―

リッケ・ローセングレン 著

ヴィンスルー美智子／村上 進 訳

イザラ書房 IZARA

Child of nature

— Benefits of Nature in Childhood —

© Rikke Rosengren and Forlaget Blue Pearl
Printed in Denmark 2018, 1st edition, 1st printing
ISBN: 978-87-996874-5-9

Forlaget Blue Pearl:Jægersborg Alle 2A,2920 Charlottenlund
Phone: 39 30 19 20
E-mail: info@bluepearl.dk

目次

第3章

日本の読者の皆さまへ

リッケ・ローセングレン

私は、日本の文化、美意識、そして人々の思いやりに満ちた生き方に、深い感謝と尊敬の思いを持っています。私と日本との関係は、年月を重ねるにつれ、ますます親密で愛に満ちたものとなりました。ここに、デンマークの自然幼児教育についての本を、日本語で皆さまにお届けできることは、私にとって大きな喜びです。この本が、これまで私が皆さまから受けたご厚意に対する、ささやかなお返しとなることを願い、この本をきっかけとして、子育てをする方々や幼児教育にたずさわる人々が、子どもの健やかな成長のために自然と野外生活がどれほど重要かを知り、そのような環境と習慣を、生活の一部にする勇気を持っていただければ、なによりの幸いです。

子どもは、自然の中で自由に遊べる空間と時間が与えられることで、心も体も健康な存在へと成長していきます。そのさまざまな実践例が、この本には具体的に取り上げられています。子どもたちは探検することで自ら学びます。また自然は何かを発見する場所として非常に大きな可能性を秘めているだけでなく、ありのままの自分でいられ、休息を得られる場所でもあります。

この本には、デンマーク語の「nærvær」（ネァヴェア）という言葉が何度も出てきます。翻訳にあたって、その意味をひとことで表す言葉を探したのですが、日本語でぴったりの言葉が見つかりませんでした。「nærvær」とは、「その場に存在し、今そこで起きていることに関わる」ということです。「自分の行動を意識して、共にいる人にしっかりと心を向ける」という意味も含んでいます。「nærvær」は、単に「傍にいる」「手を触れている」といった物理的・身体的状態をいうのではなく、いわば共通体験をすることです。それには、その瞬間を大切にする（「nærværende」）開かれた心が求められます。自然の中にいて、自然の要素（地・水・火・風）を感じる時、私たちは自分自身とも一体になれます。自然の中で私たちは、今その場に在る、ということを実感し、より「nærværende」になれるのです。

この場をお借りして、翻訳の労をとってくださったヴィンスルー美智子氏、村上進氏、日本語版出版のためにご尽力いただいた村上京子氏、三浦久子氏に感謝の意を表します。それは豊かに恵まれた協働作業で、私はずっと、これらの方々との緊密で誠実なやりとりを楽しんでいました。最後になりましたが、この本の始まりからずっと私と共に歩んでくれたマリア・ピ・ホイルン・ニールスンに、こころより深く感謝します。

子どもの未来のために！今できることを

森のようちえん全国ネットワーク連盟　理事長　内田幸一

自然の中での幼児教育の実践を私がスタートさせたのは1983年のことでした。2020年の今、森のようちえんは世界中に広がりを見せています。日本においてもこの15年間で全国各地に森のようちえんが出来ました。推定値ですが300か所くらいにはなるでしょう。

日本における森のようちえんは国や自治体などの公的機関が設置するのではなく、幼い子どもの成長を一途に考える人たちによって作られます。子育て中の親のグループや志を持つ保育者によって森のようちえんは草の根的な動きで全国に広がりました。そして現在も森のようちえんに対する期待は広がり続けています。

本書にもあるように幼児期の子どもの成長に最も必要なことは、子ども自身の興味関心により自ら行動し、様々な体験を通じて自分を組み上げていく成長のための時間を保証することにあります。その実践の場として自然は最良の機会を与えてくれます。

私が自然の中での幼児教育を発想した1980年当時は、日本は高度経済成長の絶頂期をむかえていました。幼児教育においても早期教育や学力優先が世間では求められ、教育産業という教育の事業化、商品化が行われていた時代でした。この動きは子どもの将来に大きな傷を残すのではないかと不安を強く感じていましたし、若く力の無い自分に何ができるか考えていた時代でもありました。経済至上主義がまことしやかに言われ、教育の流れも、子育て中の親もそうした渦の中で翻弄されていた時代、自然の中での幼児教育など誰が目を向けたでしょうか。

1981年東京を離れ長野県の山の中に自然保育の拠点を作り、1983年に6人の幼児が通う森のようちえんが誕生しました。それからの10年間は自然保育の実践を積み上げる貴重な時間を得ることが出来ましたが、同朋を求めてもそれに応える返答は、どこからもかえってきませんでした。この孤立無援がかえって自然の中での幼児教育を組み上げていくための醸成の時間になったことは確かで、この地域の自然や様々な環境条件を活かした活動を作り上げ、実践することが出来ました。

幼児期の子ども達がその子らしく生きいきとした時間を過ごすことは、その後の人生にも影響します。更に自然

の中で磨かれた感性は、将来に何を選択するかも左右します。森のようちえんを巣立った子ども達は環境意識が高く、社会に対して自分の力を役立てようとする意識が強いといった傾向を持っています。そして将来、彼らは様々な分野で豊かにその実りを成してくれることでしょう。

子ども時代の自然の中での冒険は、たくさんの物事の不思議さや未知なるものを体験を通じて知る機会になります。毎日の小さな発見は成長と共に自分を取り巻く世界の発見へと繋がって更なる広がりを見せます。やがては学ぶことの楽しさ、知と思考の冒険へと自分を導いてくれます。森のようちえんはそんな小さな入口ですが、誰にとっても大きな出口となる可能性を秘めているのです。

子どもの成長に必要な自然の力

日本シュタイナー幼児教育協会　代表　松浦 園

北欧ではリッケ・ローセングレン先生の「こども島ボンサイ」のように、一日を自然の中で過ごし、シュタイナー幼児教育の理念に基づいて保育を行っている幼稚園や保育園がたくさんあります。

リッケ先生が本書でも述べられているように、自然は子どもたちの心と身体を解放し、たくさんの発見や驚きをもたらしてくれます。子どもたちは人工的に作られたものを見ると、「どうやって作ったの?」「誰が作ったの?」とたくさんの問いかけをします。けれども、森の中で蟻の行列に出会った時や、きれいな夕焼けを見ている時は、何も言わずに無言でじっと見つめます。その時の子どもは、自然が人知の越えたところにあることに気づき、ただその不思議さや偉大さに全身で帰依しているように感じます。自然は子どもたちに理屈ではなく、目に見えないけれどもそこに確かにあるものを体験させてくれます。

2011年3月の東日本大震災では、福島第一原子力発電所で起きた事故で多くの放射性物質が広い範囲に拡散されました。当時、福島県や近隣県では、長い間子どもたちは戸外で遊ぶことができませんでした。多くの人たちが、子どもたちのために屋内でも十分に身体を動かして発散できる環境をつくり、心のケアにも取り組まれました。あの時、私たち保育者は一番信頼を持って子どもたちを委ねることができる自然が、地震や津波、そして放射能汚染によって壊滅的になってしまったことに大きな悲しみを感じました。同時に子どもが育つ環境の

中では、いかに自然の力が必要であるかを痛感したのです。私たちは自然と切り離されたところで生きていくことはできません。未来はわかりませんが、少なくとも2020年の今は、私たちは自然と共生しているのです。

現代の家庭では、お父さん、お母さんはスマートフォンを使うようになり、それは子どもにとっても身近なものになっています。SNSやメールで人とつながったり、情報を手に入れたりするようになり、私たちの時間と空間を感じる感覚がとても変化してきたように思います。幼い子どもたちが 社会に出る20年後も、おそらく人間の生活は大きな変化を遂げていることでしょう。その中で生きる子どもたちだからこそ、乳幼児期に存分に身体を動かし、心身ともに成長していける環境が自然の中にこそあることを、本書は教えてくれています。

ここ数年、子どもが遊べる園庭を持たない保育園も多くなりました。また保育園のお散歩中に事故に遭い、幼い命が失われてしまった痛ましい事故も起きています。それでも子どもたちが育つ環境には、自然が必要なのです。リッケ先生はこの本の中で、自然の中での保育について、一つひとつ具体的に教えてくださっています。シュタイナー教育が国や民族を超えて、世界中のすべての子どもの成長を支える教育であることと同様に、この日本でも実践できるヒントになるのではないでしょうか。またそれを実践するために「自然が常に変化し続けているように私たち自身も古い習慣にとらわれず、常に状況に適応した新しいやり方を考え続ける必要があります」と保育者の在り方についても触れておられます。

近くに森がないからできないと思うのではなく、子どもたちの身近な環境にある自然に目を向けませんか。そしてそこでの体験が子どもの成長を支えるものになるよう、私たち保育者自身が考え、工夫して創造的に保育の中に活かしていきましょう。この本が、その勇気を保育者にくださっていることに感謝いたします。

序章

「森が人を引きつけるのは、その美しさのせいではない。
あの微妙な何か―古木から発せられる "気" のようなものが、
疲れたこころを癒やし、私を新しくする」
ロバート・ルイス・スティーブンソン[1]

私は、森のようちえん「こども島ボンサイ」を創設して以来ずっと、自然が子どもたちの発達にもたらす、すばらしい効果を目の当たりにしてきました。自然を体験し、その循環の中に身を置いた子どもたちは、自然を全身で感じます。それは自然と人との関係を、ひいては子どもたち自身の感覚と身体との関係を育む、何ものにも代えがたい機会です。自然は子どもたちの心の中に宿り、静けさと安らぎの場所として生涯寄り添う仲間となります。

私たちは、自然が子どもたちに内なる力を生み出すと信じています。自然の中に身を置くと、その美しさに、多様性と強靱さに圧倒されます。

いま私は、28℃の暑さの中でこれを書いています。子どもたちは森で遊んだり、魚とり網でカエルを捕まえたり、背の高いブナの木陰に身を寄せたりしています。大人たちも一緒になって、古毛布で秘密基地を作っています。やがて訪れる秋の空気とはまったく違う、初夏の軽やかな優しい風が吹いています。秋になればすべてのものは色を変え、吹き荒れる風と大雨がやってくるでしょう。私たちにはそれを迎える勇気が必要です。雨が降ろうが風が吹こうが、自分はそれを乗り切れる。寒いときには暖かくする方法を知っている。そういう自信を子どもたちが身につけなくてはなりません。常に変化する自然の中での経験が、子どもたちの内に耐える力、勇気、心の強さを芽生えさせます。厳しい環境のもとでも自分たちは心身共に健康で生きていける、という確信につながるのです。自然は私たちにさまざまな顔を見せます。どんな天気の日にも子どもたちは屋外で活動し、そこでさまざまな遊びを思いつき、それを通して内なる強さと心の安定を身につけていきます。限界よりも可能性を見いだすことを学び、それは子どもが内に持つ意志の力を刺激し、発達に必要な、健全な基盤を築いていきます。それが子どもにとって一番の健康増進になると私たちは考えています。

森のようちえん「ボンサイ」の目標は、開かれた、周りを信頼する心をもって子どもたちが学校に入学すること ── すなわち社会への一歩を踏み出すこと ── です。そのためには、まず子どもたちが自分自身の身体を自分のものにしていなければなりません。それによってふさわしい自己肯定感をもって学校に進むことができます。この時期に子どもは、自由に動き回り、さまざまなものに触れて感じ、驚き、感動することで、その内なる好奇心が十分に満たされ、心の平穏と、集中する喜びへと導かれるのです。自然には、子どもの好奇心を刺激するすばらしい力があります。子どもたちはさまざまな角度から、あらゆる手段を使ってその本質を探ろうとしますが、それでもすべてを知り尽くすことはできません。探求の種は尽きず、自然の中にいる喜びは、知る喜びとなり、やがて始まる知的冒険の旅と、そこで待ち構えるさまざまな挑戦を、ワクワクしながら自信に満ちて迎えることができるのです。

この本の目的は、子どもにとって自然がなぜ、どれほど重要なのかを明らかにすることです。すべての子どもを「森のようちえん」に行かせなければならないということではなく、子どもたちが十分に広い場所で自由に転げ回り、本物の感覚体験ができればよいのです。それは庭や公園でもできることです。この本は、保護者および幼児教育にたずさわる人を対象として書かれています。自然を教育の枠組みとして取り入れる方法を説明し、それを実践する幼稚園を選ぶというのはどういうことか？ 保護者や周りの大人たちに求められることは何か？ そのような疑問にも答えていきます。さらに「森のようちえん」を始めたいと考えている方々、子どもの教育やさまざまな活動に、自然のもとでの活動を取り入れたいと考えている人々にも、この本がヒントとなるように願っています。

北欧には昔から、自然の中に出かけていって運動や野外活動を楽しむ文化があります。 スカンジナビア諸国は、環境問題に対する意識や、持続可能な取り組みに関して世界で最も進んでいます。学校では野外授業などを活用し、自然が子どもや若者の健康、学習、幸せにどのように影響しているかをテーマに学びを進めています。「森のようちえん」ではどのように自然がとりいれられているのか、私たちの活動に世界から大きな関心が寄せられ、日本をはじめ中国、韓国、米国、ドイツからも訪問を受けました。また私もアジアのいくつかの国や米国に招かれて、幼児教育の専門家や保護者に、子どものための野外生活や自然教育について講演をする機会に恵まれました。そこで私は、この分野をもっと知りたい、学びたいと熱望する人々に出会うことができました。アジアと米国では、外遊びや自由に動き回る機会があたえられなかった子どものその後についての調査が始まりました。2歳から5歳の子どもたちが長時間屋内に座って教育を受けるのは良くない。好奇心と熱意が、学ぼうとする自然な欲求をもたらす。外に出て世界を体験させるべきだ。そういった意識も高まっています。

私はこの本によって、街の中にある幼稚園や家族がもっと屋外で時間を過ごし、その街の自然を利用するようになればと願っています。私たちは日頃、仕事や勉強はもちろん、余暇でさえもディスプレー画面を見つめていて、「スクリーンタイム」の多い文化の中で暮らしています。画面の前に黙って座っている間に受ける感覚的な刺激は、とても偏っています。私たちは、こころの休憩を取って、外出して世界を感じ、本来の感覚を目覚めさせ、母なる自然に感謝すべきなのです。私たちが街中にもっと豊かな自然を求め、より多くの庭園や公園のために活動する理由はここにあります。近代的な、コンクリートで整備された空間ではなく、もっと自然な感覚を育む公園を創るように、政治家に働きかけることも重要です。

デンマークには、世界で最も長い、森のようちえんの伝統があるのですが、近年では、より多くの知識と、テクノロジーに対応できるスキルを身につけさせるため、幼稚園でも自由遊びの時間を削って、早期教育を充実させようとする政治的圧力が強くなっています。私は、幼稚園の先生も、学校の教師のような役割を担うべきだという考えには懐疑的です。なぜなら、幼稚園の最も重要な役割は教育をすることではなく、子どもたち一人ひとりに、これから教育を受けて伸びていくための基礎をつくることだからです。この時期に必要なのは知識ではなく、他者とのふれあいと、何かに夢中になる姿勢です。

子どもの脳はとても柔軟で、自分自身の身体活動や、周りの大人との良い関係のなかでやりとりされる刺激によって発達し、すぐれた社会性を獲得します。私たち「こども島ボンサイ」は、このことを確信して活動しています。このように育てられた子どもたちはやがて成長し、おのおの咲くべき花となって、その能力を余すところなく開花させることができるのです。

子どもは誰でも、自分自身に備わった感覚と好奇心によって、未知の世界に踏み込んでゆき、それによってもっと知りたい、学びたいという欲求は自発的に目覚めます。現代では、非常に早い時期から子どもの知力を発達させることに重点をおいた早期教育がもてはやされており、そのような中で、自然を中心にした幼児教育を行うには強い意志が必要です。幼児期に自然の中で多くの時間を過ごすことがどれほど大切なことか、人々が目を開かれるように、この本が役立つことを願っています。子ども時代はやり直しがきかないのですから。

ではどうぞこの本をお楽しみください。

リッケ・ローセングレン

読書の手引き

この本では、冒頭でデンマークにおける森のようちえんの歴史と私たちの「こども島ボンサイ」の沿革について簡単に紹介し、第1章では、自然の中の幼児教育について理論的な解説をしました。具体的な活動など実践的な内容は、写真とともに緑色のページに挿入しました。逆に、実践的な内容をテーマとして取り上げた章では、その理論的な裏付けをコラムとして挿入することで、理論と実践の区別をはっきりさせました。

この本の主題は、就学前の子どもと自然との関係です。シュタイナー教育を解説する本ではありません。ルドルフ・シュタイナーが提唱した教育理論と実践については、第3章「ルドルフ・シュタイナー 森のようちえんの教育」で紹介しています。「詳細資料」でもその一部を取り上げました。

この本の内容は、私たちが運営する森のようちえん「こども島ボンサイ」での私たちの経験と、そのふり返りから得られた考察に基づいています。子どもの教育に直接たずさわる人々はもちろん、子どもが自然を通して自らのたましいと深く結びつくよう、その環境作りに心をそそいでいるすべての人々に向けて書きました。本書は具体的な手法やノウハウを解説するマニュアル本ではありません。幼児教育における一つの選択肢として、この本からなにがしかのインスピレーションを受け、それが、子どもの教育の枠組みの中に、自然と野外活動を取り入れるきっかけになればと願っています。

この本の記述で主語が「私」と書かれているときは、著者リッケ・ローセングレンを指します。あえて「私たち」と書いてある場合は、こども島ボンサイのスタッフたち、もしくはもっと広い意味で、そこで共有されているまとまった経験に基づいて言えること、という意味です。

参照文献は、各ページに脚注で表示されています。詳細は巻末の一覧をご参照ください。

デンマークにおける森のようちえんの歴史

デンマークには、確立された野外生活の伝統があります。そのルーツは18世紀のフランスの哲学者、ジャン＝ジャック・ルソーの思想にさかのぼります。ルソーは、自然に囲まれた田舎の生活は、都市での生活よりも健康的で、人が成長するのに適した環境だと主張しました。古来、人間は自然と戦って生きていましたが、18世紀以降、自然は美しさを愛でる対象になりました。子育てと自然についてのルソーの思想が、野外に出ることのすばらしさに目を向けさせることになったのです[2]。

自然の美しさを題材にした文学や芸術も生まれました。19世紀の終わりには急速な産業革命の進展によって、ひどい住環境にもかかわらず、ますます多くの人々が都市部に居住するようになりました。肉体的重労働や、劣悪な都市環境による体の不調に苦しむ患者に対し、医師たちは「新鮮な空気」や「光」を処方する必要がありました。療養温泉やサナトリウムがつくられ、人々は自然環境の中へ、新鮮な空気と安らぎを求めて出かけるようになりました[3]。

1840年、ドイツの教育者フリードリッヒ・フレーベルがドイツに最初の「幼稚園」（キンダーガーテン、直訳すると「子どもたちの庭」）を開設しました。フルーベルは、幼稚園は、子どもが伸びて花咲く「庭」でなければならないと考えたからです。デンマークでは、1901年、ソースフと ヒズヴィ・バガ夫妻が、子どもたちにより多くの野外活動と、自然に触れ合う体験をさせるため、家畜のいる幼稚園を始めました[4]。

デンマークで最初につくられた「森のようちえん」は、エラ・フラタウの「歩く幼稚園」です。1952年に彼女が自分の子どもと一緒に、森の散策を始めたところ、その活動に関心を持った隣人や知り合いが、次第に自分の子どもを彼女と一緒に森の散策に送り出すようになったのです。それが北シェランに住む子どものための、半日制の自然幼稚園になりました[5]。このやり方は、ハーアスコウの森をはじめ、数々の「歩く幼稚園」の設立につながりました。その後、1970年代に起こったオイルショックは、人々の視線を自然に向けさせ、環境意識が高まる原点となりました[6]。

これらは、デンマークをはじめ北欧の精神風土を形づくってきた、物事の考え方、価値観、野外生活を愛する文化の背景となった思想の一部ですが、ここにも、子どもたちはできるだけ屋外に出て、自分の身体で自然を体験するのは良いことだ、という私たちの考えがはっきりと表れています。

1985年から1995年にかけて、森のようちえん、自然幼稚園が次々に設立されました。その頃の森のようちえ

2,3,4,6 Williams-Siegfriedsen 2017
5 Ejbye-Ernst 2013

んのいくつかは、ルドルフ・シュタイナーの教育学とアントロポゾフィー (人智学) の思想のもとに作られています。[7] デンマーク森林自然庁の報告書によると、1991年にはデンマーク国内に、66の森のようちえんと森を利用した活動グループがありました。1995年から2012年までの間に自然幼稚園の数は500に達し、現在、自然幼稚園が占める割合は、幼児教育施設全体の約10％に上ると推定されています。

森林自然庁の報告書によれば、これらの数値は推定値で、概算です。 そもそも自然幼稚園の概念が明確に定義されていないことに加え、デンマークでは、これらの施設は行政からは独立した自律組織であり、何と名乗るかは自らが決めるという伝統があるためです。[8] ただ、すべてに共通しているのは、子どもの教育活動は施設の建物の外へと持ち出され、園の近くの、都市化が進んでいない場所で実践されているということです。

自然幼稚園の概念が昔から存在しているにもかかわらず、こういう保育の特徴や、子どもたちにとっての自然と野外生活の重要性を取り上げた科学的研究は、数えるほどしかありません。自然幼稚園にはさまざまなものがあります。森の幼稚園、農場幼稚園、野外幼稚園。バスの車体が子どもたちの「家」になっている「バス幼稚園」もあります。さらに、移動幼稚園があります。子どもたちはバスで森や自然の豊かな場所へと移動し、そこで過ごした後、お迎えが来る集合場所のある街へ戻るのです。 必要なときに屋内に入れるよう、建物を所有する園もあれば、一日中外にいるところもあります。いつも決まった場所で活動する園もあれば、地域にある児童公園などいくつかの場所を選んで出かけていく園もあります。ノルウェーには「船の幼稚園」まであります。

7,8 Ejbye-Ernst 2013

幼児教育のありかたについて、デンマークが国際社会に対して果たした大きな貢献の一つが自然幼稚園です。デンマークの幼稚園に触発されて、多くの国の教育者が自分たちで自然幼稚園を試したのです。そのことが、国際的な記事にも数多く紹介されています[9]。こども島ボンサイにも、どのように自然幼稚園を実践しているのか、直接見て、聞くために世界中から大きな関心が集まっていて、これまでにも 日本、中国、韓国、米国、ドイツから訪問を受けました。

森のようちえん 「こども島ボンサイ」

「こども島ボンサイ」は、私立のルドルフ・シュタイナー総合保育施設で、3歳未満児の保育園と、幼稚園（3〜6歳）とで構成されています。コペンハーゲンの少し北にある、シャルロッテンルンドの森のそばにある居心地のいい茅葺き屋根の家が私たちの園です。さらに、市内中心部に近いアマー島には16人の子どもを預かる保育園があります。ボンサイは「森のようちえん」として1歳から6歳までの子ども全員が、毎日質の高い野外生活を送っています。 またボンサイはルドルフ・シュタイナー教育に基づいた幼稚園でもあります。シュタイナー幼稚園では、教育の根底に、季節の変化と折々の行事を大切に考える伝統があります。私たちは自分のリズムを自然のリズムに合わせるように、季節ごとの祝祭と自然の変化を体験します。自然の中でさまざまな物を集めては持ち帰り、季節のテーブルを飾ります。幼稚園では、自然の中での自由遊びと、お遊戯、おとぎ話の語り聞かせ、お絵かき・水彩などの芸術活動と、季節ごとの祝祭の準備が、日々織り交ぜて行われています。

「こども島ボンサイ」は、2000年にリッケとモーテン・ローセングレン夫妻[10]によって始まりました。このふたりの、息子が保育園に入る年齢になったからです。リッケはオーストラリアでシュタイナー教育者としての学びを受け、その後さまざまな国で教育に携わっていました。ふたりはアマー島のラーソゲーゼ通りに自分たちで保育園を始めることを決意し、この園を「こども島ボンサイ」と名付けました。入園希望者の待機リストはたちまち膨れ上がり、この園の成功を証明しました。当然のことですが、子どもはすぐに成長します。保育園の子どもたちがこの教育を続けて受けるために、今度は幼稚園が必要になりました。リッケにとって、幼稚園も自然とともにあることは譲れませんので、ふたりは移動幼稚園を設立して、コペンハーゲンの子どもたちに自然の中に出る機会を与えることを目指しました。2002年、イェーヤスボー通り2A 番地の2階に、2つのクラスを大人4人で運営する幼稚園が開園しました。2004年にはその建物全体を利用できることになり、1階に幼稚園2クラスと保育園2クラスを増やしました。それからは、幼稚園4クラスと保育園3クラス、合わせて約130人の子どもが通う施設として運営を続けています。「ボンサイ」という名前を選んだのは、それが日本語でよく手入れされた小さな木

9 Ejbye-Ernst 2013
10 Rikke & Morten Rosengren

という意味だからです。「盆栽」と同じように、小さな子どもには愛情という栄養と、時間、そして発達のための適切な枠組みが必要なのです。

開設当初は、何もかもが手探りでした。古いレストランだったその建物は、かなり手を入れる必要がありました。保護者とスタッフが協力してリフォームをして、子どもが快適に過ごせる部屋に改装しました。工事が行われていた4か月間、2クラス計40人の子どもたちは、まったく屋内にいることができませんでした。

けれども今思うと、それは野外で出来るあらゆることを学び、自然の中での子どもたちの遊びや動作を注意深く観察する絶好の機会だったのです。その春は特に雨が多く、私たちは雨の中でも楽しい気分になる「悪い天気があるんじゃない、悪い格好をしてるだけ」という小さなおまじないを何度も口ずさみました。この時の、何もかもを森の中で過ごした特別な時間、独特な気分は、今も私たちの語りぐさです。ほとんどの時間は雨合羽を着て過ごしていたか、濡れた服を着替えることに費やされていましたが、子どもたちはすぐに慣れ、自信満々で森に入って行くようになりました。森の中にはいつもワクワクする冒険があり、子どもたちは大満足でした。そこでは野外でしか作り出せない、独特の静寂と開放感のもとで、いわゆる「フロー状態」（超越的な集中感覚）に到達していたのです。私たちボンサイのスタッフにとってこの時の体験は、野外の空間がいかに子どもたちにプラスに作用するか、深い洞察を与えてくれました。そして、園の子どもたちは一年中ほぼ毎日、野外で過ごすようにしようと決めた私たちの目標が、間違っていなかったことを確信したのです。

私たちは最初からずっと、自然に満ちあふれた日々をたっぷりと子どもたちに与えてきました。厳寒の時期や風雨が強い日は、小さい子たちはちょっと出るだけですが、一年中毎日、全員が必ず外に出て、自然を感じるようにしています。幼稚園の子どもたちは、在園時間の8割方を屋外で過ごしています。

私たちの教育の理念は、「ボンサイに集うすべての子どもたちのそばに、子どもたちが、その内なる光を外に向かって放つことを支える、愛に満ちた、模倣に値する大人がいること」です。教育理念の詳細については、本書の最後にある詳細資料をお読みいただければ幸いです。

第1章
子どもにとって大切な自然・運動・野外生活

自然のなかでさまざまな感覚を体験することで、子どもの成長は刺激され、強められます。小さな子どもは思いきり身体を動かす必要があり、それには自然の中がいちばんです。子どもはそこで転げまわり、よじ登り、秘密基地を作り、穴を掘り、走り、歩き、飛び、跳ね、バランスをとり、水しぶきをあげます。自然には、子どもにもともと備わっている好奇心を刺激する無限の可能性があります。子どもたちは地面の下で何が起こっているのかを発見し、またじっと石の上に座って、虫や蟻を飽くことなく見つめていることができるのです。 自分の身体がどのようなものなのかは、からだ全体を動かすことによって初めて知ることができます。幼い子どもたちはそのようにして自分の身体を知り、それを受けいれ、魂をその中へと下ろしてゆくのです。

私は「森のようちえん」の園長を長年務めてきて、気づいたことがあります。自然は、ときめきに目を輝かせた、まっ赤なほっぺの元気な子どもをつくるだけではありません。それは心の平穏を取り戻す力を養うのです。そうして子どもたちは、驚くべき集中力を発揮したり、他者を信頼し、心をひらき、愛情を示すことができるようになります。運動と野外生活は、子どもの社会性、言葉、寛容さ、転んでも起き上がる力を伸ばします。子どもが安定しているためには、無限に広がった空間と新鮮な空気が必要なのです。

子どもはできるだけ多くの時間を、自然の中で過ごすべきだという根拠はたくさんあります。これまでに学術的な調査によってそのことが示されています。例えば：

> 「感覚と運動を通して学ぶことは、子どもにとって不可欠である。すべての感覚が刺激されることが重要であり、それは野外生活による、多様かつ真の感覚体験を通して可能である」[11]

> 「身体を動かすことで、学習能力は向上する。複数の感覚が刺激されると記憶力が高まる。多くの感覚が活性化されるほど、その時の状況とともに心に焼きつけられた記憶はより深いものになる」[12]

> 「野外生活と自然は、注意力と集中力を強化し、調和のとれた創造的な子どもを育てるために役立つ」[13]

11 Grahn et al 2000、Sandseter 2015、Fredens 2011
12 Fredens 2018、Grahn et al 2000、Vigsø & Nielsen 2006
13,14 Grahn et al 2000、Vigsø & Nielsen 2006

「でこぼこの地面で活動することは、子どもの運動能力を高める。自然の中で、子どもたちの筋肉、柔軟性、平衡感覚、空間感覚が鍛えられる[14]」

「子どもたちがしばしば自然の中で思いつく、挑戦的で危ない遊びは、リスクに対する判断力を養い、子ども自身が危険の潜む状況を察知し、より適切に対処できるようになる[15]」

「自然の中で遊ぶ子どもは、従来の児童公園で遊ぶ子どもよりも運動能力が高く、調和のとれた動作ができる[16]」

「危険を伴う遊びは社会性を育む練習になる。子どもたちは互いに助けあい、協力し、相談をすることで、社会で共に生きていくための基本を学ぶ[17]」

「自然の中で過ごす時間の多い子どもは、免疫力が高く、病気の日数が少ない[18]」

「動物のいる田舎の農場で育った子どもたちは、アレルギーになりにくい[19]」

「昼間、野外で活動する時間が長いと、日光によるビタミンDの産生と夜間のメラトニンが増加し、質の高い睡眠が得られる。また体を動かしたことによる健康的な疲労をもたらす」

「長時間自然のなかにいると、絶え間なく周囲を警戒する必要がないので、リラックスして安らぎを感じる[20]」

しかし現代の社会は、子どもも大人も長い時間、屋内で座って過ごす文化を築いてきました。今の私たちには、掃除機、洗濯機、耕うん機、トラクター、移動に便利な車、重労働を片付けてくれるさまざまな賢い機械があります。デジタル技術により、一つの場所にいながらも仕事をこなし、コミュニケーションを取り、勉強することができ、さらに娯楽まで提供されています。技術の進歩は私たちに多くの恩恵をもたらしました。しかしそれには副作用もあります。

14 ,18 Grahn et al 2000、Vigsø & Nielsen 2006
15 Ejbye-Ernst & Lysklett 2015、Sandseter 2015
16 Sandseter 2015
17 Fiskum 2004、Fjørtoft 2000、Grahn et al /i Sandseter 2015
19 Elholm et al, 2015
20 Kaplan & Kaplan 1989

デジタル機器の画面の前にいれば、家の中でほとんど体を動かすことなく、仕事を済ませてしまうことができます。その結果、肥満や引きこもりなどの社会問題が増加しました。現代人のスタミナとストレス耐性が弱まっているという議論を最近耳にしました。だれもが遭遇するようなごくありふれた逆境に、多くの人が対処することができなくなっているというのです。外に出かける、風に逆らって自転車をこぐ、雨の日に散歩する、凍える冬の日に屋外で食事をする、木登りをする、斜面をよじ登る、このような行動の一つひとつが、実は私たちを精神的、肉体的に強め、逆境に立ち向かう力を与えてくれているのです。今、この瞬間にも私たちに働きかけ、内面の強さを深めてくれる自然は、天からの贈り物です。人生の荒波にもまれたとき、もうバラバラになってしまうとおびえず、前に進むためにこの強さが必要なのです。それによって私たちは、逆境に遭遇しても希望を失わず、困難を乗り越えて前向きに生きていくことができるのです。

人間が自然の中にあるということ

この世界で生きる私たち人間は、自然と多かれ少なかれつながっています。農耕による社会が始まった時代から、自然のものと、人間が創り出した文化とは、はっきり区別されていました。人間が何もしなければ、手つかずの自然は繁茂し、広がり続けます。言い換えれば文明とは、自然を支配しようとする人間の試みです。トロールやニッセ、超自然的な存在についての民間伝承は、人間が決して支配することのできない、協力するしかない、結局は服従しなければならない計り知れない力が、自然にはあるということを表現しているのでしょう。大雨や暴風が森や家をなぎ倒し、人々から住む家と土地を奪うたびに、私たちは自然の力をまざまざと思い知らされます。自然は偉大で、激しく、時に破壊的です。しかし同時に優しく、美しく、実り豊かで、私たちになくてはならない存在なのです。子どもと自然の中で過ごす時、私たちは常に危険を意識していなければなりません。しかし、それが不安を生み出すのではなく、自然に対する敬意を生むように心がけるべきです。国によっては、手つかずの自然は、小さな子どもにとってきびしすぎる場合もあります。そのような地域では、園庭や公園で、自然体験と野外活動を工夫すると良いでしょう。私たちの国デンマークで最大の敵は、ちっぽけな虫 —— ライム病を媒介するダニ —— です。私たちは毎日入念に子どもたちを点検し、ダニを除去します。自然そのものは危険ではありませんが、くっついたダニを放置しておくことは、危険につながります。

自然の営みは、人間がつくり出すものとはまったく違います。人間は自然を支配できませんし、自然から離れて生きることもできません。自然の中で、私たちは大きな全体の一部分にすぎないことを知り、その謙虚な意識が、私たちの人生を豊かなものにするのです。自然は時を越えてうねる、大きな波です。自然と深く結びつき、そのうねりを経験した子どもたちは、一生の間、良いときも苦しいときも、その波のリズムを恵みとして受け取り、みずからの人生を構築することができるようになるのです。

21 北欧に伝わる妖精たち
22 リシナス・マダニ (l.ricinus)：ライム病の原因菌ボレリアを媒介する　　31

― 子どもと自然のつながり ―

　自然のなかでたっぷりと時間を過ごす子どもは自然と結ばれることを、私たちは見てきました。子どもたちは、自然によって喜びを体験し、自然への深い洞察と愛情を持ちます。自然は、生きる意欲、集中力、頼もしさと熱心さを子どもに授け、自信と自己肯定感を持った幸せな子どもをつくります。私たちは、子どもたちができるだけ屋外の自然の中で過ごすことを最優先に考えています。自然は有機的で生きいきとしており、そこでは毎回新しい発見や冒険をすることができます。自然の中で何かをすれば、自然は即座に応答します。揺すれば枝は折れ、水たまりに飛び込めばしぶきがあがります。

いまは若者となった元園児たちの多くが、自然は彼らにとって非常に特別な意味を持つと言い、今でも時々、静けさと平安、自然との一体感を求めて自然の中に帰ってくると言っています。私たちの希望は、子どもたちの中に芽生えたこの自然の喜びが、やがて環境意識を高め、地球を守る行動となってゆくことです。この地球は子どもたちから借りたものなのですから。

自然欠乏症候群

2005年、アメリカのジャーナリスト、リチャード・ルーブは、著書『Last child in the woods』[23] を出版し、それは現在アメリカ合衆国で「Leave-No-Child-Inside（どの子も屋内に放っておくな）」として知られている運動の原点となりました。この本の中でルーブは、彼自身の子ども時代は、現在ほとんどの子どもが体験しているものとまったく異なるものであったと書いています。今の子どもは以前の世代にくらべ、自然の中で過ごすことがはるかに少なく、ルーブが名付けたところの「自然欠乏症候群」に苦しんでいるというのです。その主な原因として、あまりにも多くのディスプレー画面が子どもたちの注意を引きつけてしまっていること、ほとんどの子どもが都市に住み、日常生活で自然に触れる機会が、きわめて限られていることを挙げています。彼は言いたいことをより明確にするため、その重要性と健康への効果をビタミンになぞらえて「ビタミン N」と表現し、また「ビタミン N 欠乏症」として、次のような特徴を挙げました。

- ・刺激が少なく、感覚を使う機会が少ない
- ・集中力の欠如
- ・慢性的な身体症状および情緒障害の増加

「自然欠乏症候群」「ビタミン N」は科学的な概念ではありませんが、現代の私たちがおかれた、自然との関係についての重要な課題を、ルーブは的確に追跡し、捉えていたのです。デンマーク自然保護協会が2015年に実施した調査[24]によると、デンマークでは半数以上の保護者が、自分の子が自然の中にいる時間は、自分が子どもだった時よりも少ない、と回答しています。子どもが自然に触れる時間が少なすぎると思う、と回答した保護者も半数近くに上りました。市民社会、政治、科学の各方面において、私たちの健康と幸せな生活にとって、自然はとても重要であるという意識が高まっています。

例えば政治的な取り組みとして、コペンハーゲンでは ── 世界中の他の都市と同じように ── より多くの、より良い自然環境を都市の中に創造することに力を入れています。学術的側面では、コペンハーゲン大学に新しい学際研究センター「子どもと自然のためのセンター」が創設され、子どもがどのように自然を活用しているか（活用していないか）に焦点を当て、子どもの発達と幸せな暮らしに、いかに自然が深く関わっているか、その啓発と研究に取り組んでいます。

23 『あなたの子どもには自然が足りない』リチャード・ループ著／春日井晶子訳、早川書房
24 TNS Gallup 調査「Naturens dag（自然の日）」2015

体が動くとき脳が発達する

デンマークの脳科学者ケル・フレーデンスは、長年にわたり、子どもの福祉と社会的・心理的発達にかかわる、自然の重要性を提唱[25]してきました。フレーデンスによると、脳が刺激されるためには、感覚器官への入力が不可欠です。しかし、動きがなければそれを感知することはできません。自然の中にいると子どもは自分から動きまわります。自然が子どもを呼んでいるのです。無限の自然のなかで、子どもは無数のさまざまな感覚的体験をします。

感覚・運動能力の発達によって、子どもがどのように周りの世界の理解を広げていくのか、フレーデンスは次のように説明しています。「子どもは特に歩き始めの頃、動くことによって感覚器官が発達する。自分の体の近くにある物の動き、そこにある空間、それらと自分との関係をつかみ、方向を定め、体を移動させる。他者の行動を観察し、それを真似て自分のものにする。真似をするためには、まず自分の身体について十分に発達した感覚が備わっていなければならない[26]」。この身体感覚こそが、運動能力の発達と、その運動によってもたらされる感覚的経験によって獲得されるものなのです。

人間の最も基本的な感覚である、触覚と筋肉関節感覚が、自分の体が空間に対してどのように位置しているのか、自分の体が何をしているかを脳に伝えます。自分がどこにいて、周りに何があり、他の人間とどのような関係にあるのかを感じ、一つひとつ記録していくことが、人間の脳の発達には不可欠です。まず手に何かを握っていると感じ、それが自分にとって、どんな意味を持つ物体なのかを定義し、そして、それを使って何をするかという考えに至る、という段階が必要なのです[27]。

したがって身体の運動と感覚・運動能力の発達は、知的能力や精神力も含めて子どもの脳の発達を助けます。運動機能は大きく二つに分けられます。ずりばいする、ハイハイする、歩くといった動作は粗大運動能力と呼ばれ、体の中心にある筋肉を使います。もう一方は微細運動能力で、手・足・顔を動かし、物の操作や、身振りや表情、真似による意思伝達を受け持ちます[28]。運動能力の発達は、訓練、外的刺激、文化的習慣によっても違ってきます[29]。粗大運動能力は、走る、歩く、バランスをとる、這う、跳ねる、踊る、といった動作によって発達します。森の中では地面はでこぼこで、木に登り、歩き回り、丘から転げ下りたり、切り株を持ち上げたり、大きな枝を引きずってきたり、秘密基地に潜り込んだり、倒れた木の上に登り、そこから滑り降りたりできます。微細運動能力は、自然の中で見つけた物を調べたり、毛虫や昆虫を捕まえたり、木の表面に触れたりして、手と指先を使うことで強化されます。例えば木を削る動作は、微細運動能力と感覚との協調能力の両方を訓練します。自然の中で毎日過ごすと、粗大運動と微細運動の両方が刺激されます。自然は常に変化していますから、

25 デンマークのラジオ番組「Natursyn（自然の眼）」
26,28,29 Kjeld Fredens 2018
27 Skaarup Blendstrup 2015

子どもは飽きることなく、日々新しい方法を試しながらその能力を伸ばしていきます。

7歳未満の子どもは、みずからの体と感覚を使って学ぶ必要があります。子どもはいっときも止まっていませんが、それが子どもにとって自然なことなのです。動くことは、子どもの身体と学びにとってとても大切で、成長に欠かせないものです。日々経験したできごとは、無数の感覚刺激となって、脳の複数の部分で同時に処理されます。新しい体験をするたびに、脳のさまざまな部分にある脳細胞をつなぐ、強い結びつきのネットワークが作られ、新たな情報の組み合わせが脳を発達させます[30]。脳の発達とは、生まれつき内に持っていたものと、周りの世界との相互作用ということができます。生まれたときにはランダムにつながっていた脳細胞が、外の世界に関わり、外の世界から刺激を受けることで、特別な意味をもつものへと作りかえられていきます[31]。

小さな子どもに、動き・感覚・認知能力発達の統合が起こるのは、特に遊びを通してです。子どもは遊びによって学んだことを、からだ全体で吸収します。ですから幼児が常に動いているのは当然なのです。3歳児が静かに座って授業を受けている学習室を想像してみてください。それはこの年齢の子どもには全く不自然で、おそらく子どもたちのストレス、不安、怒りの感情を引き起こす爬虫類脳と扁桃体を興奮させるでしょう。幼い子どもにおける身体的発達と精神的発達との関連について、1世紀以上前に、ルドルフ・シュタイナーがこのように述べています。

> 「歯が生え替わる時期、つまり7歳頃までの子どもは、まわりの世界に自分のすべてをゆだねている。子ども自身が一個の感覚器官なのだ。目が色彩の中に生きているように、子どもは外界の表現を感じ取って生きている。すべての身ぶり、表情、しぐさ、父や母の日々の所作は、子どもの内なる生命体に経験として共有される。人間の脳は最初の7年で形づくられる。その生命体の内的特徴を決定づける過程は脳から始まり、この時期に周囲で起こることはすべて詳細に、人生の啓示として脳に刻み込まれる」 （シュタイナー GA 303 1923）[32]

> 「この年齢において魂の働きが育まれるのは、精神活動が身体を通して表現されたときである。得た刺激を自らの身体で再現したいという動機によって、子どもは外の世界との関係を結ぶ。それは、子どもが模倣をする場合にのみ成立する。乳歯が生え替わる前の子どもは完全なる模倣者と言ってよい。この時期の教育は、周囲の人々が模倣すべき見本を示すということだけで成り立っている」 （シュタイナー GA 36 1922）[33]

30,31　Hart & Møller 2001
32　デンマーク語で出版された書籍 Rudolf Steiner "Barnets opdragelse set ud fra åndsvidenskabens synspunkt" 1981（子どもの教育－精神科学の観点から）の引用からの訳
33　ゲーテアヌムで1922年に行われたフランス語の講義を収録した書籍 Rudolf Steiner "A Lecture on Pedagogy" GA36 英語版からの訳

― 子どもたちと自然を歩く ―

子どもと一緒に自然の中を歩くことは、さまざま発達の可能性をもたらします。歩き方は自由です。そのやり方と気分をつくることが大人の役割です。歌いながら歩くのは楽しいですし、おしゃべりをやめて自然の音に耳を澄ませ、静かなひとときを持つのも良いでしょう。大きな子と小さな子が、いつのまにか手をつないで歩いているかもしれません。

子どもと歩くには、大人も子どもの視点で心をいっぱいにすることが必要です。子どもの行動にストレスを感じていては、何もいいことはありません。道を横切るカタツムリを、子どもが満足するまで一緒に眺めていられること、歩きながら思いつくままに物語を創作して語りあうこと、そういった小さなふれあいの積み重ねが、子どもたちにこの上ない喜びをもたらすのです。

散歩は、ときには小走りになり、またあるときは木の下に立ち止まって草花や鳥を眺め、歩きながら歌を歌ったり、詩をつくったりと、歩きながらさまざまに工夫することができます。どこに行ったかではなく、途中で何をどのように体験したのか、そこに散歩の価値があるのです。

子どもとの日常生活に、習慣として散歩を取り入れることお勧めします。歩くことは呼吸・循環機能によいですし、舗装されていないでこぼこな地面を、バランスをとって歩くと運動能力や脳の処理能力が発達します。リズミカルな動きは、生きてゆく力、忍耐力、心の安らぎをもたらします。誰かと手をつないで一緒に歩けば、安心感と一体感を共有できます。

歩いているときに突然、インスピレーションを受けたり、新たな行動意欲がわくという経験は誰しもあるでしょう。私も毎日歩くようにしています。散歩から戻ると、自分の活力が増し、前向きな姿勢になっていると感じます。私の内なる意志が強化され、心が満たされます。悩んでいた問題の解決策が、歩いているうちに見つかることさえあります。

「こころ惹かれること」が呼びさます、自然の回復効果

今から30年も前に、心理学者レイチェルとスティーブン・カプランは、精神的な緊張やストレスに悩む人への、自然の回復効果についての理論を提唱しました。二人の提唱した理論は実証され、ストレスと燃え尽き症候群に苦しむ人を対象としたセラピーガーデンが作られました。ヘルスホルムにある研究機関、ナカディアセラピーガーデン[35]もその一つです。スウェーデンでは、ストレスによるさまざまな症状や、燃え尽き症候群に対する治療として、医師がガーデン療法を処方するということが、長い間行われてきました。

心理学者カプラン夫妻は「意識を向けること」と「こころ惹かれること」という2つの概念を提唱しています。「意識を向ける」とは、例えば道を歩く時やオフィスで仕事をする時に使われる注意力のことです。私たちは常に意識してこの注意力を働かせています。しかしそれには限界があり、無理をすればさまざまな不調を引き起こします。今日の情報化社会では、息をつく暇がありません。私たちの周りは、広告、騒音、見慣れない人など不必要な刺激で常にあふれかえっていて、それが私たちの注意の大半を奪います。そのような中で本来必要な作業をするには、さらに努力して集中しなければなりません。そして人々は皆疲れ果ててしまうのです。

一方「こころ惹かれる」ために努力は必要ありません。何かに魅了されたり、不思議に思ったりするのは自然でおだやかな反応です。人は「こころ惹かれること」で満たされるとき、休息が得られ、回復することができるのです。自然の中で私たちは、この優しい魅力や驚きに包まれながら、同時に内的な思考を巡らすことができます。このときの充足感が、困難な課題に立ち向かう力、ストレスに耐える力を強めます。私たちの森のようちえん「こども島ボンサイ」では、自然の不思議に触れることで、その経験が、私たちの中に深く結びつき、ながく息づくものになると信じて取り組んでいます。

ルドルフ・シュタイナーは、人間は自然と結びつくことで、自分自身、つまりシュタイナーが「魂」と呼ぶ「内なる自分」と結びつくことができるのだ、と言っています。—— 人間の魂と自然の間には強い関係があり、自然に対して私たちが注意を向けると、自然の方も私たちに働きかけ、その関係を目覚めさせ、再生させるように助けるのだ、というのです。

> 「一年のひとめぐりは人生のようなものだ。この営みを通じて、人間の魂は調和の感覚を身につける。一週、一週、異なる言葉で語りかけてくる響きに自らの魂の扉を開くとき、私たちの魂は自分自身を正しく知ることができる。それによって魂は、自らを強める内なる力が育つのを感じる。…それによって魂は、私たちと私たちを生んだこの世界との間にある、繊細だがしっかりとした命の絆の存在を知る」
> （シュタイナー GA 40 1918）[36]

34 注意回復理論 ART（Attention Restoration Theory）, Rachel & Stephen Kaplan
35 Terapihaven Nacadia (https://ign.ku.dk/terapihaven-nacadia/)
36 Rudolf Steiner "The Calendar of the Soul" 第2版 GA 40 1918 英語版 序文からの訳
41

一般の幼稚園と「森のようちえん」 ‐ 子どもの発達の違い

自然と野外生活が、幼稚園児の運動能力、心理的発達および幸福感に、どのように影響するかについて、スカンジナビア諸国で初めて大規模調査を行った研究チームは、自然の可能性について次のように説明しています。

> 「自然は、注意力を全て動員しなくても、私たちの感覚を刺激することができる。人は感覚を刺激されながらも、考え、遊び続けられる。自然の変化と多様性はひらめきを与え、遊びに新しい発想をもたらす。自然は特定の目的のために作られたものではないからこそ、子どもたちはそれを自分に合わせて容易に変形し、自分の中に取り込むことができる。大人の世界は大人の都合で作られており、そのほとんどは、子どもの想像力が使えないものだ」 （グラン他 2000）[37]

「Ute på dagis[38]（幼稚園における屋外の意義）」調査は、1990年代後半にスウェーデン南部のスコーネで行われました。この調査では、森林と自然の幼稚園（いわゆる「森のようちえん」）と、施設内に園庭をもつ従来型の幼稚園の子どもを比較しました。その違いは顕著で、「子どもの野外生活と屋外の空間が、特に重要な意味をもつことは特筆すべきである」と報告書は述べています。調査の結果、森のようちえんの子どもたちの方が、よりすばしこく、手や体が頑丈で、優れたバランス能力を持つことがわかりました。この子どもたちは必要に応じて、休んでいる状態から体を思いっきり使った遊びまで、身体の運動レベルを自由自在に切り替えることができるのです。子どもの運動能力と集中力を理解するうえで、このことはきわめて重要であると研究者たちは考えました。幼稚園のスタッフが何かを示そうとすると、子どもたちはすぐに注目し、これから何が起こるか、好奇心をもって聞こうとしました。[39]

研究チームによると、従来型の幼稚園と森のようちえんの最大の違いは、森のようちえんでは子どもたちの集中力がはるかに優れていることでした。屋内または園庭で過ごすことが多い幼稚園では、子どもたちの注意をそらす不要な刺激があまりにも多すぎて、そのために子どもたちは疲れてしまい、本来の集中力が低下してしまっていたのです。[40] 前述のカプラン夫妻の提唱した「意識を向けること」と「こころ惹かれること」理論で指摘されていた通りのことが、ここでも示されたのです。

この研究にインスピレーションを得て、教員養成所の講師であったベント・ヴィクスーとヴィータ・ニルスンは、デンマークで同様の調査を行い、その報告は2006年、書籍『Børn og Udeliv』[41]に掲載されました。要約すると、従来の幼稚園と比較して、屋外の自然環境で過ごす子どもは……

37,39,40 Grahn et al. 2000
38 Ute på dagis：スウェーデン語で「幼稚園で」という意味
41 Børn og Udeliv：デンマーク語で「子どもと野外生活」という意味

「とりわけ運動能力を刺激される機会が多い。それは子どもの心身の健康と成長にとってきわめて重要である。野外生活における高いレベルの身体活動は、子どもの運動能力にプラスの効果をもたらす」

「注意力が優れている。その結果、運動能力をうまく使うことができ、注意力もそれによってより発達することが示唆されている」（ここでヴィクスーとニルスンがいう「注意力」は「意識的注意」、すなわちスウェーデンの先行研究でグランらが引用した、カプラン夫妻の「意識を向ける」という概念です）

「着想力がきわだっている。運動能力がしっかりしていると、まわりの不思議なものごとに注意を向ける余裕ができ、より創造的になれる。その結果、ひとりでも、あるいは他の子どもたちと一緒に、新しい遊びや創作に挑戦できる」

「より健康である。これは野外生活と健康の関連が高いことを示唆する。新鮮な空気があって、没頭できる十分な時間と空間、心の安まる環境があることで、感染症やストレスの影響のリスクが低くなることを示す、強力な状況証拠と言える」

注意力・運動能力の発達と模倣について

ヴィクスーとニルスンは、課題を達成するための「意識的注意」は、学習によって獲得されるものであると述べています。[42] 幼い頃から、体を使う日常的な家事を、子どもたちと一緒にすることが重要だというのです。雑用の中にこそ、子どもが真似することで身につける重要な身体活動が含まれています。このことは、幼い子どもの前でよい模範を示すことの重要性を説いた、ルドルフ・シュタイナーの教育理論とも一致しています。以下はシュタイナーの講義からの引用です。

> 「人生の最初の時期に、人がどのように発達するかについて何度もお話してきたとおり、子どもは歯が生え変わる頃までの間は、模倣することがすべてである。この時期の子どもは、本能的に、私たち大人を含む、自分を取り巻くすべてのものを、よいものであっても悪いものであっても吸収してしまう。私たちが気づかないうちに、外界で起こっていることが感覚器の中に統合されるのだ。…それゆえこの時期、まわりの大人にとても大切なのは、子どもが正しく吸収し身に付けることができないような行動を、決してしないということだ。それを頭の中で思いつくだけでもいけない」
>
> （シュタイナー GA 212 1922）[43]

42 Bent Vigsø & Vita Nielsen 2006
43 Rudolf Steiner "The Human Heart" GA212 1922 英語版からの訳

アントロポゾフィー（人智学）の小児科医ヴォルフガング・ゲーベルとミヒャエラ・グレックラーは、子どもの模倣能力を、3つの要素 ——すなわち観察、認知的思考、身体的記憶—— の相互作用の結果として説明しています。[44] 子どもはまず観察によってまわりの行動を知覚します。それから認知的思考 ——行動の特徴をとらえ、それらの規則性と意味を理解する—— によって、自らの身体でそれを再現する準備をします。そしてその動きを真似し、ひとりで何度もやってみることで、その動きを身体に刻み込みます。このようにして新しい動作は身体的記憶として残されるのです。獲得された身体的記憶を、行動として再現するためには、よく発達した身体感覚を持っていることが不可欠です。[45] 言い換えれば、子どもの微細運動・粗大運動能力が、行動を再現する上での重要な鍵ということになります。

幼い子どもにとって、模倣は非常に重要な能力です。子どもは何よりもまず模倣することで、まわりの世界をその身体に刻み込んでいます。ですからシュタイナーが強調しているように、大人が良い模範を見せることが特に大切なのです。大人が行儀良く、落ち着いて食事を味わっていれば、子どもも同じようにします。大人が、毎日規則正しく家事をおこなっていれば、難しそうに見えるその手順でさえ、やがて子どもはすべてを理解し、細部に至るまで正確に模倣することができます。シュタイナーは「子どもの教育とは、すべて大人の自己教育である」と言っています。大人が自分自身をよく躾けるなら、つまり、行動、態度、所作に注意して、心の思いと行動の両方で良い模範になろうと努力する時、子どもはごく自然にその行動を模倣します。

幼い子どもの教育は、とても繊細です。声に出すなどの明示的な指示を用いないことが理想です。「子どもは私たちが言うようにではなく、するようにする」とよく言いますが、子どもは生まれながらに、まわりのものごとに没頭し、それを吸収して真似をする能力を持っているのです。子どもはこの能力を使いながら思考力、発言力、行動力を身に付けてゆき、やがて3歳頃になると「ぼくが・わたしが」と言い始めて、自分の立場を明確にするようになります。

子どもの模倣について、前世紀の初めにシュタイナーが述べていたことがらは、今では神経心理学の常識となっています。「ミラーニューロン」という脳内の神経細胞により、私たちは他者の動きを、あたかも自分の動きのように感じ、それを自分の身体に写し取ることができます。このことは、やがて共感や同情といった他者を思いやる心の発達へとつながっていくのです。[46] シュタイナーはまた、生命力、すなわち内なる意志の力は、私たちの一生のうち最初の7年間が最も強い、と強調しています。この7年のうちに、この内なる力が子どもを身体的・精神的に成長させ、一生の基盤を築き上げるというのです。

44 Goebel & Glöckler 1991
45 Fredens 2018
46 Hart 2016（2）

― 自然の中で 良い見本を示す ―

ある幼稚園の先生が言いました。「薄暗い冬のさなか、園庭で遊ぶ子どもたちと一緒にいても、特にすることもないと思っていました。ところがある日、なにげなく箒を手にとってベンチの掃除をしてみたところ、何か良いことが始まったのに気づいたのです。行動を始めると、素敵なことが次々に起こるのです。まず自分自身の中に穏やかな気持ちが膨らんでいることに気づきました。そして穏やかな気持ちになると、次に何をすればよいかすぐに気づくことができます。あるいは、今まで見落としていたこと、聞き逃していたこと ―― 例えば美しい鳥のさえずり ―― で心を満たすことができます」

子どもによい見本を示すためには、想像力と創造性が不可欠です。雲の垂れ込めた冬の一日を、ワクワクした楽しい日にする、意味のある何かをするには、とりあえず何かに取りかかってみればよいのです。意味はおのずとついてきます。

自然には、さまざまなことを同時に行うだけの広さがあります。例えばひとりの大人が薪割りをしているかたわらで、もう一人がオープンサンドを作り、別の大人が子どもと一緒に歩き回って昆虫を見つけることだってできます。広い場所とひらかれた空は、子どもたちに真似をする対象を豊かに提供し、さまざまな選択肢を与えます。大人は、次に何をしようかと考えがちですが、庭仕事や外での活動が見つからなければ、屋内の活動を外へ持ち出せばよいのです。例えばクッキング。たき火でパンを焼くとか、木を削ったりお絵かきや絵の具遊びをしてもよいでしょう。

子どもの発達に関する現代の理論でも、同じことが言われています。発達心理学者、スーザン・ハートは、幼児期の体験が子どもの心に刻みつけられて、それがどのように脳の発達につながるかを、次のように説明しています。―― 幼児期に体験したことはすべて、シナプスの結合をもたらし、それが集まって脳を構成します。例えば、親が子どもと一緒にいる時いつも特定のしぐさを繰り返すと、それは子どものなかで特定の神経回路を刺激し、シナプスの結合を強めます。以前に体験した刺激と似た刺激を感じると、同じ神経回路が働くのです。そしてその刺激が繰り返されると、第三者による異なるパターンの刺激で上書きされない限り、永続的な脳の構成として定着します。これは幼児期に学んだことが脳の組織にとって決定的に重要であることを意味します。[47]

子どもは体で考える

幼い子どもたちは、全身の感覚を通して世界を経験し、理解します。ですから、人生の最初の時期に、何よりもまず身体が刺激されることが大切です。子どもたちは外に出て、走り、跳ね、よじ登り、歩き、バランスをとらなければなりません。歌い、話し、ことば遊びをし、身振り手振りをしなくてはなりません。世界とそこにいる他者を感じなくてはなりません。脳を構成するさまざまな刺激と体験を、子どもたちは身体を使って集めています。それが後に精神的発達の土台となるのです。大人が頭で理解することを、子どもは感覚でとらえます。この時期の子どもはまだ、感覚体験と思考経験を区別できません。大人は抽象的な思考を、直接的な感覚とは分けて扱うことができますが、子どもの中ではひとかたまりの経験です。子どもの頃に体験した色、音、味、匂いが、成長してから体験したものとは比べものにならないほどはっきりと、迫真に満ちているのはそのためです。[48]

脳科学者ケル・フレーデンスによれば、身体の学びは、その後のすべての学びのまさに基礎となるもので、「子どもは体で考える」と言うことができます。[49]「体で考える」からこそ、子どもの感覚は鋭敏で、その刺激は身体に深く刻まれます。子どもの発達は外からの影響に大きく左右されます。健全な、よく整えられた環境にいることが、子どもの発達を支える上で不可欠です。「体で考える」子どもたちが、身体を使って何かをしようとした時、それが妨げられてはなりません。
幼い子どもに対する私たちの役目は、豊かでバラエティーに富んだ、身体的学びの可能性を用意することです。それには、知的な言語によって抽象化された知識を学ばせる学校の教室などよりも、自然の方がはるかに適した環境です。

47 Hart 2016(1)
48 Goebel & Glöckler 1991
49 Skaarup Blendstrup 2015

自然には、さまざまな方法で自由に全身を使う可能性があふれています。そこでは微細運動・粗大運動、すべての感覚が刺激されます。それだけでなく、自然からは精神的な癒やしを受けることができます。自然の中では、刺激に対して心を開くかどうかは本人次第です。デジタルメディアのように勝手に侵入してきたりはしませんし、常に注意を払っていなければ何か見逃すかもしれない、と不安になる必要もありません。ただぼうっと空を見上げていても、深く物思いにふけっていてもよいのです。このような時間を過ごすことで、子どもは集中力を回復させ、課題を解決する力を取り戻すのです。

模倣をしているとき、子どもは自分の身体と感覚を使って、刺激を吸収し、記憶し、再び身体で再現することでその動きを身体に刻み込みます。それにはよく発達した身体感覚を持っていることが不可欠です。シュタイナーは、小さな子どもは言い聞かすことで教育することはできない。子どもに教えたいことは、大人がそのようである、あるいはそのようにすることで子どもに伝えるしかないのだ、と書いています。ここでシュタイナーが言う、子どもに理解させようとする大人とは、その身体を含む、全人格を指しています。

シュタイナー教育では、子どもの全人格を養うことをとても重視します。たとえて言えば、運動と感覚刺激が子どもの健全な発達における右足なら、相互関係と模倣は左足です。この両方が協調して、バランス良く与えられることが必要なのです。模倣は子どもに自分自身と周囲の関係を教え、大人や他の子どもとの交流は、子どもが社会的な存在として世界に参加することを教えます。だからこそ遊び、特に自由な遊びは、子どもの健全な発達のためにとても重要です。このことは後の章で詳しく触れましょう。

ことばの発達と野外生活の密接な関係

自然は優れた学びの場所です。それは、身体と感覚へのさまざまな刺激がたくさんあるからだけではありません。「森のようちえん」に通う子どもは、従来型の幼稚園の子どもよりも集中力が優れているという調査結果があります。何かをもっと知りたい子どもにとって、雑音がなく、邪魔が入らずリラックスできる自然の環境は、集中して何かを学ぶのに適しているのです。また自然は会話を育む場所でもあります。子どもたちと歩きながら、あるいはたき火のそばに座って、見たことや聞いたことについてたわいもない会話をする —— 強いられてではなく、邪魔されることもない ——。自然の中には、子どもの会話力を養うさまざまな条件がそろっています。話の種はいくらでもあり、それらはすべて、いま目の前に実在し、触ったり嗅いだりして確かめることができます。子どもはそれに不思議を感じ、ワクワクします。「不思議に思う」 —— それは子どもにとっての最も自然な状態です。それは世界を知るためのスタートラインなのです。

例えば子どもが虫を捕まえてきて「これ何の虫?」と聞いたとします。大人がそれを見て眼を輝かせ、「おおーすごい、クワガタだー!」と興奮してみせる。それは子どもを伸ばす魔法です。「すごーい」「きれーい」「おもしろーい」このような、感動と興奮を表現する言葉を聞くと、子どもたちは大人の示す意欲と喜びに引き込まれます。そこで大人はコップを使って虫を捕らえる方法を教えることができるかもしれません。そのとき見たもの、しようとしていることを大人が言葉で表現すれば、それが会話を生みます。会話とも言えないような、子どもが発した一語を聞きとるだけの対話であったとしても、それは子どもが大人から、一つの新しい単語を学んだ瞬間かもしれません。

自然には、子どもの言葉の発達を助ける多くの要素がありますが、重要な点は、まだ舌の回らないような幼い子どもにさえ、今目の前で見たことを誰かに話したい、という衝動をもたらすことです。それがなにか動くものであれば、子どもの注目度はなおさらです。もちろん、私たちの「こども島ボンサイ」では、言語の発達に問題があると思われるお子さんについては、教師と保護者が協力し、適切な発達支援方法を提供しています。

脳には、身体の動きによって刺激される中枢がたくさんありますが、実は言語中枢もその一つです。野外活動ではでこぼこな地面を歩くなど、多様な運動が求められますが、その動きは言語中枢も刺激して言葉の発達を支えていると考えられます。言葉を習得するというのは、単に単語を覚えるのとは違います。子どもはその言葉が意味することを体得しているのです。言語とその意味は、感覚・運動刺激を通して獲得されたものなので、脳内で言語と運動は密接につながっています。例えば、私たちが「蹴る」という言葉を発するとき、脳内では言語中枢だけでなく運動中枢も同時に活動します。「誕生日」と言えば、「嬉しい・楽しい」といった感情をつかさどる部分も活動します。言葉は、単に文字や音としてではなく、それに応じたこころの動き、身体の動きと併せて記憶されているのです。

子どもの言語の発達は、感覚・運動能力、感情的・社会的・心理的発達と相互に関係していますから、まわりの大人のふるまいが子どもの発達を左右するという法則は、言語の発達においても同じです。小児科医のゲーベルとグレックラーは、子どもがまちがった発音をしても、訂正してはならない、と言っています。間違いを責めたり、正しく発音させようと練習させてはなりません。幼い子どもが、早すぎる時期に自分の発音を気にしはじめると、片っ端から真似をするという大切なプロセスを邪魔してしまうのです。

もっともよい方法は、子どもに話すときだけでなく、子どもがそばにいるときはいつも、正しい言葉遣いではっきりと、そして —— ここが最も重要ですが —— 時間を惜しまずゆっくりと話すことです。歌、楽しい詩、リズムに乗ったことば遊び、童話の読み聞かせは、よい刺激を子どもにたくさんもたらします。まだ単語を聞き取れ

ない幼い子どもにとってさえ、リズムと抑揚を聞くことはこの上ない喜びなのです[51]。私たちは、子どもの自然な発達を促す環境を備えなくてはなりません。それは動機づけをすることです。教えるのではありません。子どもは何かを強要された瞬間に、好奇心と喜びを失ってしまいます。人生の最初の7年間のうちに、学ばなければならないことがたくさんあります。それには平和でゆったりと流れる時間と忍耐強さが必要です。「不思議に思う」ことが、それを知りたいという思いを子どものなかに目覚めさせます。体験によって学び、発達する原動力となるのは、子どもの中にある好奇心なのです。

幼児教育の枠組みに自然を取り入れる

デンマークでは伝統的に、野外生活と自然体験は子どもの日常生活にとても大切なことだと考えられてきました。幼稚園によってそれに大きな比重を置いているところと、それほどでもないところの差はありますが、多かれ少なかれ日常生活のなかに、ある程度の野外生活と自然体験を取り入れています。「森のようちえん」はデンマーク全国にあり、自然を取り入れた活動を主な枠組みとしている幼稚園は、幼児教育施設全体の約10%を占めると推定されています[52]。幼児教育の重要な柱の一つとして、日常的に建物の外へ出て野外活動をすることは、これらの幼稚園でよく行われています。（序章「デンマークにおける森のようちえんの歴史」参照）

「森のようちえん」に共通するのは、日常生活を自然の中におき、ほとんどすべての活動を野外で、自然を取り入れて行うという基本理念です。私たちは奥深いところで自然とつながっているということを、ここではみずから探求していくことができます。さらに、施設ごとにそれぞれの歴史や伝統、地域性に合わせ、さまざまな教育方法を工夫しています。自然を取り入れる方法はたくさんありますから、教育に取り入れるやり方もいろいろです。私たちの「こども島ボンサイ」はシュタイナー教育の幼稚園です。もともとシュタイナー教育において、季節と折々の行事は重要な位置づけですから、ほとんどのシュタイナー幼稚園では、そこが厳密な意味での「森のようちえん」として運営されていなくても、その教育には自然や季節の変化が織り込まれています。それでは「森のようちえん」をどのように実践してゆくのか、以下の章で詳しく説明していきましょう。

51 Goebel & Glöckler 1991
52 Ejbye-Ernst 2013

第2章
自然を全体の枠組みとした幼稚園

自然の中で過ごすことが子どもの健康を増進するというのは、誰もが知っていることです。けれども、ただ屋外にいればよいということではありません。日々違った顔を見せる自然を身体で体験し、自然の多様性の試練にあうことが必要なのです。子どもたちが自然の中で、全身を使ってよじ登り、這いまわり、でこぼこの地面を歩き、走りまわることが運動能力を発達させます。子どもの遊びは、自然によって触発され、その多様性によって磨かれなくてはなりません。そのために子どもたちがいつも安全で、外にいたくなるように、その周りの世界を整える責任は、子どもと共に働く私たち大人にあります。子どもたち一人ひとりにくまなく目が届き、束縛のない自由な遊びと、大人が企画したプログラムを代わるがわる実践することが出来る場所を、自然の中に作り出す必要があります。子どものそばにいる大人がどれだけその環境を自分のものにしているかも重要です。大人は、子どもが模倣する見本です。もし周りの大人が、自然の中へ踏み出す方法を知らず、その意欲も感じられない消極的な態度でいたとしたら、子どもたちは自然が持つ可能性に目をとめることもなく、大人の真似をすることもないでしょう。それでは野外生活が子どもたちに、適切な発達の機会を提供することはできません。

この章では、森のようちえん「こども島ボンサイ」での経験をもとに、自然と子どもの関係がいかに実り豊かなものか、主な枠組みに自然を取り入れた教育について、その特徴を紹介し、自然と「四大元素」の関係、自由遊びと共同体の意味について説明していきます。従来の幼稚園は塀やフェンスで囲まれていて、それが外の世界との境界をはっきり示しています。森には境界がありません。広さと安全が確保された空間を作り出すためには別の方法が必要です。章の後半では、森のようちえんに通う子どもの保護者であることはどういうことなのか、何が求められるのか、また街から森のようちえんに子どもたちを乗せてゆくバスについて触れます。最後に、保育園が自然をどのように取り入れているか、年長の子どもたちが小学校に上がる時に備えて、私たちがどのように準備しているかについて述べます。

子どもの発達に重要な四大元素との関係

自然の中で子どもたちは、四大元素から貴重な体験を得ていることがわかります。子どもは全身が感覚のかたまりです。「地、水、火、風」の四大元素に触れる機会があると ——例えば、たき火をおこす、枝で土をほじくり回す、海のしょっぱさや、雨つぶのやわらかさを感じる—— これらはみな強烈な体験となります。四大元素

は子どもたちの毎日を、いのちと動きとさまざまな出会いで満たしているのです。

四大元素を知らずに生きていくことはできません。風が吹けば周りは揺れ動き、雨が降れば濡れています。ところが残念なことに、人々は風や雨が強いときに外へ出るのは大変だから、子どもは外に出さないほうがよいと考える傾向があります。実はこんな時こそ、雨粒をはじき散らす楽しさや、風に向かって歩く強さを子どもたちに教えるチャンスなのです。雨の中の遊びは、子どもたちに独特の安らぎを与えることに私は気づきました。風の日、風と一緒に、あるいは風に逆らって、走ったり凧を揚げたりすることは子どもたちを夢中にさせます。四大元素を自分の中に感じるとき、私たちは特別な感覚の中に引き込まれます。私たちをはるかに越える大きなものに魅せられ、たき火の中で踊る炎、川の水面に立つさざ波、空を飛ぶ鳥たちや昆虫を見るとうっとりします。私たちは、私たちの周りに生きているすべてのものの一部であり、私たちがそれを経験することを許されるとき、そこには特別な絆ができるのです。

子どもの感覚への四大元素のはたらき

感覚と好奇心のかたまりである子どもにとって、自然の多様性は豊かな栄養です。四大元素と季節の移ろいが、目を見張るような美しさで絶え間なく自然を変化させ続けています。新緑のブナの森の香り、春の花、夏の花、潮風の匂い、地面に重なる落ち葉。地面がしっとりと濡れる秋になると、湿った腐葉土のにおいが森にたちこめます。私たちの触感は、葉っぱ、小枝、樹皮、手を這う虫、裸足をくすぐる芝生、泥、砂、水の感触で刺激されます。森の中ではさまざまな声が聞こえます。カッコウはカッコー、キツツキはコココココッ、フクロウはホーゥホーゥ、そんな鳥たちのさまざまなさえずりに耳を澄ませます。5月になると蛙が池を占拠します。睡蓮の花が開く頃、私たちはその素敵な歌を聴きにケロケロ音楽会に出かけます。また食べることでも自然を味わいます。子どもたちは食用になるさまざまな植物の見分け方を学びます。ブナの若葉、ドングリ、カタバミ、ブラックベリー、ラズベリー、ニワトコ。 森で何が食べられ、何を避けるべきかを知ります。

私たちは、子どもたちは周りのあらゆるものとつながっていることに気づきました。自然に対して常に敏感で、その変化をしっかり見ているのです。視覚は、自然のさまざまな色や形、特にその劇的な変化を体験することによって豊かに育まれていきます。例えば、長い冬の間、森は茶色にくすんだ影で覆われます。冬の終わりごろは、すらりとした美しい木の幹も見慣れてしまい、森はすっかり透けて、遠くまで見とおすことができます。ところが春がやってきて、ブナの新芽が吹き出すやいなや、すべてが変わるのです。森はみるみるうちに輝く緑で埋め尽くされます。まるで魔法のようです。それで終わりではありません。夏になれば緑の色は深みを増し、やがて秋には黄、オレンジ、赤、茶の色調に移り変わっていきます。刺激に慣れてしまうのは人間の感覚の常

─ 地 ─

子どもは、砂場で、砂浜で、森で、ハーブ園で、地の要素に出会います。地はまるで魔法のように、自在に形を変えます。水と混ぜてこねれば最高の造形材料になって、子どもたちは創造の体験ができます。暑い季節には、乾燥した硬い地面も柔らかくなってこねることができ、寒い季節は軟らかい土も凍結して硬く、氷に覆われています。その他にも、私たちが成形することができるものは地の要素といえます。もし冬に雪が降る幸運に恵まれた日があれば、雪だるま、雪玉、雪の灯りなど、様々な造形をすることができます。木も、すべて地の要素です。林の中に分け入って木に触れるとき、私たちはいのちの息吹を感じます。私たちは木をナイフで削り、穴を開け、根っこにもぐり込み、切り株から切り株へと飛び渡り、建てるためにトンカチを振り下ろし、鋸で切り、斧で割るのです。

― 水 ―

流れ動くものは冒険的で、心惹かれます。子どもたちは
水しぶきが大好きで、水遊びの時には、浮かぶもの、沈
むものを試し、流れをせき止めたり向きを変えたりして、
水のあらゆる性質を探ろうとします。そうやって子どもた
ちは、水の流れと地球の重力を発見するのです。海に行
けば、ほとんどの子どもは波打ち際に行きたがります。
砂でつくったものを波がさらっていく様子に心奪われ、何
度も何度も同じことを繰り返します。園庭や公園にできた
水たまりは、大人にとっては頭痛の種です。子どもたち
が濡れ、靴や服が泥だらけになるのは目に見えているか
らです。けれども、それに備えた服装をさせていれば、
こんな良い遊びの機会はありません。子どもたちはそれ
に何時間でも没頭することができます。本能的に、どう
やって水と友だちになるかを知っているようです。水は、
遊びに平和と協力をもたらす性質があり、それはしばし
ば建築という形で表れます。園庭や砂場に水路を作り、
穴を堀って水をため、石ころや砂を積み上げてそこに水
を流したり、飛び越えたり、わざと落ちて水しぶきをあげ
たりします。

―火―

子どもたちは、火に心を奪われることがよくあります。火の動きはすばやく、危険が伴いますから、必ず大人がそばについていなければなりません。子どもたちが火のそばで、怖がらず安全に火について学べるようにすることが大切です。まず大人がよい見本を示します。保育園に行く年頃から、食卓にろうそくを灯して、慎重に火を扱うことを教えます。マッチを擦り、ろうそくに火を移し、マッチをそっと吹き消します。マッチの軸の赤みが完全に消えるまで静かに待ってから、マッチの箱を子どもの手の届かないところに置きます。この一連の動作から、幼い子どもは火に対する畏敬と尊重の念を学びます。

野外生活では、火は暖を取るための重要な手段です。たき火の前に座ると不思議な安らぎに包まれます。子どもたちと一緒にたき火で調理をしたり、火のまわりに集まってパーティをするのは楽しいものです。子どもたちとランタンを作り、ほんの小さな炎が闇を照らすさまを体験するのもよいでしょう。そうやって自然に子どもたちは、火を大切に思い、火が私たちにくれる贈り物 ――私たちを暖め、生の食材を香ばしく焼き上げたり、柔らかく炊きあげたりし、冷たい水を温かいお茶に変える不思議なちから―― を知るのです。

私たちはときどき、子どもたちと地元のガラス工房を訪ねます。子どもたちはそれをとても楽しみにしています。赤く熱せられた炉からの強い熱を感じながら、高温のガラスが水飴のように自由に形を変えるのを見るのは素晴らしい経験です。

―風―

他の要素と同様、風にも様々な顔があります。全く動か
ないときもあり、軽く優しい時もあれば、ヒューヒューと
うなりを上げて激しく吹くこともあります。それは私たち
の息と同じです。安静にしている時、呼吸は深くゆっくりで、
思いきり走ったり跳びはねたりすると息は荒くなり、ニワ
トコや竹など、中空の植物を笛にして吹けば、私たちの
息を風の音として聴くことができます。

強風の日は、風の力を直接感じることができます。そん
な日に屋外に出るのはちょっと勇気がいりますが、高い
梢からうなりが聞こえ、風に向かって歩けば空気の圧力
を感じるというのは、楽しい経験です。子どもたちは強
い風に逆らって歩いてみたり、追い風に背中を押しても
らったりします。風のない日でも、腕を回したり走ったり
すれば、自分の起こした風を感じることができます。私た
ちは風ぐるまを作り、聖霊降臨祭には紐をつけた紙の鳥
を飛ばし、凧揚げをし、軒先にはウィンドチャイム、部
屋の中にはモビールをさげて、さまざまな風を感じる体
験をさせています。木々を見上げると、風が小枝と戯れ
ているのが見えます。地面では落葉が渦を巻いているの
を子どもたちが追いかけています。岸辺に風が吹けばさ
ざ波が立つのが見え、樹皮で舟を作って池に浮かべ、
帆走させることもできます。

ですが、自然は絶え間なく変化しているので、感覚は何度でもよみがえります。この自然の中にどっぷりと浸る時間を与えられた子どもたちは、自分たちを取り巻く、現実世界と自然の中に表れる四大元素を探しながら、多くのことを学びます。そうして子どもたちは、それぞれの内にある本来の居場所に帰り、自分を磨き、地、水、火、風との絆を通して、あらゆるものの根本にある何かを学びます。

私は、美しい自然に囲まれた場所にあるのに、ほとんど四大元素に意識を向けていない幼稚園を見ました。その一方で、大都市の中にあっても、四大元素がごく普通に、子どもたちの日々の生活の一部となっている幼稚園もありました。私たちが四大元素の中にいることを意識するかどうかで環境も変わります。意識次第で直線的な人工物も和らぎ、子どもたちに自然と出会う場所や機会を与えてくれます。例えば一人の子どもが、砂場でケーキを作るのに夢中になっていたとします。バケツとスコップと砂があれば、ケーキはたくさんできるでしょう。でも、もしそこに水の要素があったらどうでしょう？ 遊びの可能性はたちまち広がります。水によって砂はその性質を変え、柔らかな土となり、泥になり、それをこねたり、水路を掘ったり、遊びは次々に広がります。四大元素を日々の活動に取り入れるように考えられた、自由度の高い園庭や庭をつくると、子どもたちにたくさんのひらめきと良い遊びをもたらします。

自然の中の自由遊び

近年、幼稚園でも効果的に学習を進めることに関心が高まっており、自由遊びはしばしば議論になりました。私たちは、自由遊びの大切さを強く主張してきました。それは子どもを健康に育てるうえで、最初に据えなければならない重要な基礎の一つだと考えているからです。幸いなことに、森のようちえんには自由遊びの良い条件が揃っています。森と自然の中には、遊びに使えるさまざまな素材が豊富にあるからです。

自然の中で自由に遊ぶ子どもたちを見ていると、深い安らぎが心を満たし、私はここに、子どもたちと共にある、という特別な充実感に包まれます。自由遊びとは、遊びの内容が、子どもたち自身の想像力だけで成り立っていることを意味します。枠組みは全く自由であり、一般的な集団活動やお遊戯のように、あらかじめ決まったやり方を大人が押しつけることはありません。

自由遊びとは、子どもが世間のルールや常識に邪魔されず、自由に遊べるということです。そこでは常識に足を引っ張られることなく、あらゆる偏見、規則、制限から解き放たれます。その代わり自然には、あちこちに予期せぬ試練と、その兆候が待ちうけています。例えば木登りで高く上りすぎたとき、足元の枝に折れそうな動きを感じるとお尻がゾクゾクします。

― 野生生物 ―

私たちは、森の中、園庭、水辺、池などで生き物を探しながらおしゃべりを楽しみ、小道で偶然小さなカタツムリを見つけては大喜びします。私たちの森にはさまざまな種類の鳥や動物がいて、リス、キツネの巣穴、野ねずみ、昆虫など、子どもたちを引きつける生き物の営みが豊かにあります。私たちは、この野生の友だちをとても愛しています。私たちは、教育者として野外で過ごす毎日を、子どもたちと一緒に小さな虫を飽かず見つづけ、蝶々に感動し、自分よりもずっと大きな物をくわえて運ぶ蟻たちに驚嘆して、好奇心を共有して過ごしていたいのです。このようにして、子どもたちの日々の生活に、学びは自然な形で取り込まれます。

コペンハーゲンの保育施設は、市役所の言語センター経由でカタツムリ、マウス、モルモットなどの小動物を借りることができます。動物を間近に見て触れあい、世話をし、可愛がり、話しかけることは、言語の発達によい刺激になると考えられているからです。街なかの保育施設にとってそれはありがたいことです。その意味で、ドアを開ければそこに森がある私たちの施設はとても恵まれています。それでもなお、私たちは日常生活にその恵みを取り込むために努力を惜しみません。

一人の子が蝶の幼虫を見つけたら、大人はすかさずそれに夢中になってみせます。熱心は周囲に伝わります。他の子どもたちも皆、この幼虫に関心を示し、この体験を遊びに取り入れるでしょう。

子どもがその日一日を過ごすうちに感じたことを、反すうし、自分の中に取り込むためには、大人の指図を一切受けずに遊べる自由遊びが不可欠です。それは子どもが自分の耳で聞いたこと、自分の目で見たこと、自分の体を動かして体験したことを、納得のいくまで理解し、自分の中に根付かせるための、大切なひとときなのです。

大人はとかく先にやり方を決めたがりますが、遊びは子どもの内に端を発し、子どもの想像力によって生み出され、子ども自身によって遊び尽くされるのです。朝の歌、集まり、お絵かき、パン作り、食事、読み聞かせなど、大人が導く毎日のプログラムは、子どもたちが日々さまざまな体験を心に刻み込む時です。これらの体験は、自由遊びの機会を得て初めて噛み砕かれ、子ども自身の感情と結びつけられて、自らの経験として根付くのです。遊びは子どもの健康を増進します。遊びで奇跡が起きます。子どもは子どもなりの概念と感情の世界で物事を整理しようとします。社会のルールを理解し、試し、再構築して新たに創造し、それを練習して習得します。それが脳の発達を刺激して、得たものを自分のなかのあるべき場所に収めることができるようになるのです。ですから、一日中自由遊びをしているのも、ずっと大人の主導する活動ばかりであっても、どちらも子どものためには良くありません。適度な入れ替わりとリズムが大切です。シュタイナー教育では、リズムは呼吸にたとえられます。吸うことと吐くことは交互になければ成り立ちません。大人によって導かれた活動では子どもたちは吸い込み、自由遊びでそれを吐き出します。私たちがふだん無意識のリズムに従って呼吸をしているように、導かれた活動と自由な遊びは、バランスよくリズムを刻んでいなくてはなりません。子どもの健康を増進するこのリズムについては、次の章で詳しく説明します。

幼稚園の年代の子どもたちは、何段階かの遊びの過程を経て成長します。3歳未満の子たちは、子どもたち同士で遊ぶのではなく、並んでひとり遊びをします。3歳から4歳頃になると、登場人物や場面設定が理解できるようになり、対面でのごっこ遊びが始まります。 子どもは、自由遊びの中で自分を解放することで、バランスのとれた成長をするということが見て取れます。

この年齢で映画やコンピューターゲームを経験している子どもが、もはや珍しくなくなりました。暴力的な映画やコンピューターゲームに出会った子どもたちは、一瞬でそのとりこになり、それに向き合う年齢に達していないうちから何度も繰り返しプレイをするようになってしまいます。自然の中では、子どもたちはそこにあるもので遊びを発明します。さまざまな年齢の子どもたちが一緒に遊べるような世界を作り出すことができるのです。シナリオを考え、役柄を決め、することを考えるのは年長の子どもたちでも、やがて幼い子もみんな参加して遊びます。私たちの森では、実にさまざまなごっこ遊びが行われています。おままごと、動物病院、パン屋さん、八百屋さん、幼児洗礼式、結婚式、お葬式、船乗り、農園、工場、レストラン、キッチン、救急病院、銀行。ごっこ遊びにはさまざまな人間、動物、空想の生き物が登場し、童話と歌があり、時にはいさかいや事件までもが題材として取り上げられます。子どもたちはごっこ遊びを通して、この世界のすべてのものがどのように関係

し、互いにつながっているかを理解します。このように自然の中の遊びは、誰にでも居場所があるということを感じながら広がっていくのです。自由遊びは何かの拍子に突然生まれます。そのたびに子どもたちはやり方を相談し、意見が違えばうまく折り合いをつけなくてはなりません。そこにはすばらしい、そして非常に重要な学びがもたらされます。

自然が持つふところの深さと柔軟さによって、遊びはどんどん形を変えていくことができ、固定されたやり方にとどまることがありません。屋外では大勢で一緒に遊べます。広い場所と新鮮な空気があると、子どもたちの間に余裕と寛容さが生まれます。そこで際立つのは、体を積極的に使う遊びと、途方もない空想によって広がる遊びです。また生き物の生態に夢中になるのなら、自然はこの上ない価値を持つ場所です。このように遊びはそれ自体が非常にレベルの高い学習なのに、残念なことに、子どもの自己形成と相互理解に遊びがどれほど役に立っているか、過小評価されることが多いのです。遊びに夢中になり、我を忘れて没頭できる子ども、遊びの世界で他の子どもたちと一緒に新しい遊びを発明し、協力しあうことができる子どもは、知識を習得するときに集中力を発揮できる健康な子どもです。彼らはよい学校生活を送るための基礎を備えているのです。

― 自然は空想の一番の味方 ―

自然の中では遊具は必要ありません。お人形も乗用玩具も不要です。そこは無数の素材であふれています。自然と仲良しになった子どもたちは、そこにあるもので建て、創造し、動かすことができます。枝、石ころ、松ぼっくりなど、すべてが作り物でない、天然素材のおもちゃになるのです。しかもそれは子どもたち自身の手で作られたというだけでなく、自由遊びの中から子どもたちの想像力によって生まれたもの

― 子どもの学びにおける自由遊びの重要性 ―

「自由遊び」と言うとき、それは、その遊びには特に意義がない、という意味ではありません。むしろ逆で、子どもの発達のために遊びがどれほど重要か、これまでに多くの研究がなされ、遊びが子どもにとって最も重要な学習の一つであるということはもはや広く常識となっているのです。発達心理学の研究者であるスーザン・ハートは、「子どもたちが最初に内と外の現実には違いがあることに気付くのは遊びを通してである[53]」と書いています。

カナダの発達心理学者デボラ・マクナマラは、遊びの重要性を次のように説明しています。

> 「遊びは全人格が誕生する場所である。自我が生まれるのは、遊びの中である。遊びは、子どもに情報を詰め込む行為とは異なり、子どもから意欲、アイデア、意図、希望、好み、願いを引き出す。遊びでは、言葉や理解の足りない子どもでも、自分の思いを表現することができる。遊びによって子どもの内側にあるものが、まわりの世界と共鳴する。幼い子どもは、自分の周囲にいるのは誰なのかを知りたいという衝動によって、自発的に学ぶ。子どもが自分自身を外に向かって開いていくためには、遊びに夢中になっている時にわき上がってくる、自らの感覚が必要である。遊びによって子どもは自分の興味、夢、目標に気づき、ゆるぎない、独立した自我が育まれる。一言で言い換えれば、遊びは子どもの個性を発達させる」

マクナマラは、子どもが遊ばなくてはならない、その理由として以下を挙げています[54]。

・子どもを成長させ、隠れた能力も存分に引き出される
・本当の自分に気づき、それを表現できるようになる
・問題解決の方法が、脳内ネットワークにプログラムされる
・こころの健康と幸福感を守る
・創造力と責任感が身につく
・失敗の許される環境で人生の練習ができる

53 Susan Hart 2016 (2)
54 Deborah MacNamara 2018

子どもは今この瞬間を生きる名人です。過去に受けた経験を、遊ぶことによって理解し消化しようとします。つまり遊びは、子どもの体験と感覚を通して、こころに焼きつけられた印象に基づいています。そしてその印象を、遊びによって学びに変えているのです。このように子どもの意識の中で、感覚を通して刻印された印象が学びとして組み込まれるという点において、自由遊びは大きな意味を持っています。

ルドルフ・シュタイナーは、遊びの重要性を次のように説明しています。

「子どもが何かをするのは、動くことが人間の本能に根ざしているからだ……子どもにおける遊びは、活動を欲する内的衝動へのひたむきさに与えられる啓示であり、いのちの営みそのものである。子どもは『遊びで学べ』と軽々しく言う人がいるが、そのような意識の教育者が育てられるのは、気楽な人生を求める人間だけだ。魂を満たす営みとしての遊びがあるときにのみ、それは子どもの成長と、遊ぶときと同じ真剣さで学ぶ感覚を目覚めさせる教育の実践に、理想的なものとなる」

（シュタイナー　GA 303　1923）[55]

55 デンマーク語で出版された書籍 Rudolf Steiner "Barnets opdragelse set ud fra åndsvidenskabens synspunkt" 1981（子どもの教育－精神科学の観点から）の引用からの訳

です。切り株はあっという間に車に変身し、葉っぱや木の実で小さな町が作られたり、お店やさんに並ぶ商品やお金になったりします。子どもは生まれながらに発明家です。だから既製の玩具のように目的や使い方が限定されていない方が、自由に遊びを発展させることができるのです。

野外にはできることが無限にあります。ものを集める、編む、削る、掘る、絵を描く、塗る、食べ物の用意、縫い物、フェルト作り、のこぎりを引く、トンカチを打つ、秘密基地を作る、たき火をする。森の戸棚には、ありとあらゆるおもちゃが、誰もがいつでも遊べるように用意されているのです。のびのびとした空想力が紡ぎ出したとびきりのシナリオが、森の葉っぱの下からひょっこりと飛び出してきます。パン屋さん、カタツムリの徒競走、障害物競争、海賊船、アパート。大人が入り込んでルールを押しつけたりしなければ、子どもは自分たちで役割を決め、一緒に遊びのしくみを考えだして、そこに見事に調和した世界が生まれます。子どもはお店屋さんやパン屋さんごっこが大好きです。切り株は小綺麗なカウンターになり、その上に葉っぱ、小枝、どんぐり、栃の実、小石などで美味しそうにデコレーションされた、泥と土のケーキが並びます。こういうお店には、思わず手が出てしまうような、すばらしい見栄えのケーキがあったりするのです！

自然には多種多様な空間があります。例えば、地面の上に広がる空間。そこでは木に登り、切り株で転がり、飛び跳ね、走り、あちこちを覗き回ることができます。木に登れば、より高い枝へ体を伸ばしてしっかり掴み、枝から枝へとバランスをとりながら体重を移動させる必要があります。地上では、遊びに必要な小道具をたくさん見つけることができます。栃の実はケーキのデコレーションになったり、小銭になったり、宝箱に入った宝石になったりします。体を隠せる藪や、秘密基地にできる穴もあります。

何かを建てることが、その日の遊びの目玉になることがよくあります。子どものひとりが、あるいは大人の誰かが、今日は秘密基地を作ろうと言い出したとします。そうすると、それを成功させるためにみんなが協力するという形で、そのプロジェクトと遊びは一体になります。誰が何をする、と役割が決まっていき、どの枝をどこに使ったらよいか、屋根の材料は大人に手伝ってもらおうとか……基地が完成すると、そこを拠点として新しい遊びに発展することもありますが、たいていはすぐに別のものを作ることに興味が移ってしまい、完成した基地は見向きもされません。一番面白いのは作る過程なのです。

― 手で掴む、そして理解する ―

毎日子どもたちの遊ぶ姿を見ていると、私はとても満たされていると感じます。それは信じられないほど前向きな日々です。遊びがすべてを物語っています。子どもたちが発達のどの段階にいて、その子の置かれた環境がどのように影響しているのか……遊びは正直で隠し立てをしません。森で子どもたちが、自然を遊びの中に取り

― 子どもの遊びについて ―
森のようちえんと従来の幼稚園の比較研究

森のようちえんと従来の幼稚園、二種類の幼稚園で実施され
た調査によると、森のようちえんでは、子どもたちが利用でき
る自然の素材が、事実上無限にあるため、子どもたちが物の
取り合いをしないということが大きな違いとして観察された。
また子どもたちのごっこ遊びも、自然の中では固定された形式
にとどまることが少なかった。それは子どもの中からわき上が
る想像力を自由に発揮することができ、ほとんど何をしても許
されるからである。

込むのはまさに本能です。昆虫、葉、花、小枝、木、泥、砂。持ち前の想像力を発揮してさまざまな物を見つけ、見つけた物に熱中し、最も創造的なやりかたでそれを遊びに活かします。子どもは目の前のものを掴んで世界をつかむことを知る、小さな科学者です。じっくりとながめ、それに触れ、感触を確かめる。そうやって彼らは世界を知り、概念は真の理解へと変容するのです。自然の中にいる子どもたちには、「没頭」と「動き」が顕著に見られます。それは健康なことで、教育心理学においては、子どもが何かに没頭している時はいわゆる「フロー状態」にあると言えます。それは何かを達成するための道筋の中に、完全にどっぷりと身を任せているときに到達する特別な状態で、創造性の種を蒔く肥えた土壌なのです。

危ない遊び

子どもたちの独立心を育てるために、自然の中で自由にさせるのは大切なことです。乱暴な行為が許されることも必要です。時にはつかみ合いになり、転げ回ることで、子どもたちはお互いを試しているのです。重要なのは、対等で公平かどうか、つまりフェアであるかどうかです。争いが起きたとき、何が問題なのかを子どもたち自身が理解するため、助け船が必要な場合があります。そういう時こそが大人の出番なのです。子どもの乱暴は、必ずしも暴力行為だとか攻撃性の発露ということではありません。もちろんそういう場合もあります。その時はすぐに仲裁に入って、これ以上はダメ、という線引きをするのも大人の責任です。

森のようちえんは、ある意味で信頼の表れと言うことができるでしょう。塀や垣根がありませんから、子どもを信頼しなくてはなりません。保護者からは、常に目を配る大人がいるという信頼が求められます。小さな新入園児に対しては、ここから先は行っちゃダメだよ、という見えない境界線を示してあげなくてはなりません。年長の子どもたちは、どこにその越えてはいけない一線があるのかをわかっていて、ちゃんと説明できることに誇りを持っています。年少の子はどうしても大人のそばにいたがるものですし、年長になると大人の監視を嫌って見えないところへ行きたがります。森の中で子どもたちは、そこに潜む危険と、その先にあるしっぺがえしとをきちんと判断することを学びます。水たまりに飛び込めば服が濡れ、転べばあざができます。ナイフの使いかたを間違えば怪我をし、痛くて血が出ます。これらのすべてを通して、子どもたちは危険を予測し、その先に何が起こりうるかを判断する能力を身につけていくのです。

自然の中で自由遊びをする子どもたちとともに働く大人には、子どもたちの能力に対する信頼が必要です。ある子が木登りをして高い枝に上っている時、大人はおろおろするそぶりを全く見せず、子ども自身がひとりで安全に行ける限界を感じられるように、しっかりと見守ることが必要です。森の中でよく出くわす蜘蛛、ダニ、その

56 "Man skal gribe, før man kan begribe" 「gribe」（握る）と「begribe」（把握する）
　　をかけたデンマークのことわざ
57 超越的な集中感覚

他の気持ちの悪い虫たちに、大人が必要以上におびえると、それは子どもに伝わります。大人はその気持ちを子どもたちの前で見せないよう、堂々としていなくてはなりません。

子どもは一人ひとり違います。とても慎重な子もいれば、高い木の枝から枝へとすいすい渡っていく子もいます。どちらもそれで良いのです。ここで非常に重要なのは、一人ひとりの子どもたちが自分で、それぞれの限界を知るということです。いかなる場合においても、ひとりで木登りができない子どもを手伝うことは許されません。その子自身の運動能力と筋力が必要なレベルに達した時、その子は自然に、ひとりで、確実に木につかまって自らの体を支えることができるようになります。同じことが公園の遊具、滑り台、ブランコ、ジャングルジムなどでもいえます。もし大人が手を出して助けてしまうと、常に大人がいることに依存する危険をまねくことになります。子ども自身の身体感覚が鈍り、自分の能力の限界を超えることは怖い、という感覚を失わせることになります。3歳未満の小さな子たちは、地面にあるもので遊びます。ですから多くの時間を砂場で過ごしています。そして3歳くらいになって初めて、低い枝に上ることを始めます。そして6、7歳になると、自分の力を試すかのようにより高い枝へと上るようになります。

大人が手助けしなければ、子どもは自分の限界を本能的に知っていて、自力で降りてこられる高さより高く上ることはまずありません。自分で上ったのですから、そのルートを逆にたどれば降りてこられるのです。ですから大人は、自分の能力を高め、その限界を見極めようとする子どもの意欲をそがないように注意しなくてはなりません。教育者が責任をもってすべきことは、その木で安全な木登りができるかどうかをよく見極めるということです。枝が湿って滑りやすくなっていないか、子どもたちは木登りに適した靴を履き、ちゃんとした服装をしているか、靴紐やひらひらした服の裾や袖がひっかかったりしないか、体の動きや、上り下りの動きを妨げる恐れがないか（安全な服装については衣類の項に詳しく解説しました）。それを守らなければ木登りは危険な遊びになってしまいます。

私たちの幼稚園では、ほとんどの子どもは木登りが大好きで、卒園の頃までには本当に上手になります。森のようちえんにお子さんを初めて連れてくる保護者の方の中には、子どもたちがかなり高いところまで上っているのを見て不安を感じられる方も少なくありません。私たちは、これまでの18年の歴史の中で転落事故が起きたことは一度もないことをお話ししています。一度だけ、腕を骨折した事例がありました。しかしそれはわずか50センチの高さから転落したときに起こり、高く上ることが危険をもたらしたわけではありません。もちろん全く木登りをしたがらない子どももいます。その子たちも木の下でそれぞれの運動能力を使いながらちゃんと楽しんでいます。

― 危ない遊びに関する研究 ―

世界の他の多くの地域と比較して、デンマークを始めとする北欧の文化では、子どもが自然の中で、自由に危ない遊びをすることについて、伝統的にとても寛容でした。しかしそれはもはや過去のものとなりつつあります。現代の私たちは、かつてないほど安全で、守られた社会に暮らしているにもかかわらず、さらに厳しい見守りを求めています。監視によってより安全な社会が築けると信じているのでしょうか？ しかし、それを子どもに当てはめてはならないことを、これまでの研究は示しています。自由に振る舞うことができる場所があり、四六時中大人の監視下に置かれないということが、子どもの健全な成長にはむしろ必要なのです。

ノルウェーのトロンハイム教育学校の講師エレン＝ベアテ・サンセター[58]は、危ないことに惹かれる子どもたちの心理を研究し、危ない遊びのなかで子どもたちは、不快な感情と快感を、興奮と恐怖を同時に感じていることに注目しました。ドキドキするような遊びは、子どもたちが遊びを通して、自分自身と周りを知るために、ごく自然で不可欠なことなのです。大人が危ない遊びをけしかけることはありません。危ない遊びは、子どもだけの自由遊びの中で始まるものです。それはすなわち、子どもには大人の監視と干渉のない自由遊びが必要であることを示しています。研究の結果サンセターは、危ない遊びには子どもの成長にとってさまざまなよい効果があることを見いだし、次のように述べています。

> 危ない遊びは、恐怖を克服する効果をもたらす。過保護に育てられた子どもは不安感が強い。遊びの中で子どもは怖いものに惹かれ、少しずつ近づき、遊びという安全な範囲で、恐怖を乗り越える方法を徐々に習得する。[59]

「ヘリコプターペアレント」（自分の子どもにまとわりつき、常に監視したがる保護者）に育てられた子どもは、幸福感、自己肯定感が低く、心配性で、不安、依存症、うつ傾向につながりやすい。他方、自由に挑戦することを許された子どもは、自信、勇気、自己肯定感が高い。挑戦することは子どもの創造性を高め、失敗しても落ち込まない精神的な強さをもたらす。多くの挑戦を乗り越えた子どもは、精神的な回復力が身につく。これは、経験したことのない課題にこれから直面したときに、それを乗り越えるために不可欠な力となる。

58 Ellen Beate Hansen Sandseter
59 Aldis 1975 / in Sandseter 2015

危ない遊びはたいてい身体活動を伴う。それは子どもの筋力、バランス、調和、動作、反応の発達に役立つ。すなわち、周りの空間や物体との距離、動き、深さ、高さ、自分の姿勢や動きを認知、判断し、体の動きに反映させる能力が発達する。

活発な子どもは、むしろ何かにぶつかることが少なく、運動能力の低い子どもほどよく怪我をする。

危ない遊びは、子どもの社会的健全性を養う。遊びの中で協力、交渉、問題解決の方法を学び、時には割の合わない役回りを引き受けたり、権力に屈することも経験する。

自然は、高度な運動能力、リスク管理、ストレスマネジメントなどの多様な課題を子どもに突きつけると同時に、強い興奮と快感をも与えてくれる。自然の中では、年齢や体の大きさ、能力、興味に関係なく、あらゆる人がそれぞれ挑戦できる適切な課題が見つかる。人工的な遊び場と比べると、自然の遊び場は子どもたちを飽きさせることがない[60]。

大人は、子どもの危ない遊びに寛大さを示す、という非常に重要で、決定的な役割を担っている。

― 枝を使った乱暴な遊び - 止めなければならない時 ―

自然の中では、枝はとても魅力的な遊び道具です。けれども子どもは、それを良くない使い方で遊んでいることがあります。例えば枝を持ったまま走る、枝を投げる、枝で誰かを叩くなどです。そういう時は大人が行って制止しなければなりません。危ない遊び、例えば支配的、攻撃的な振る舞いが続く場合、そこへ出て行って、不思議そうに尋ねるのが教育者の責務です。あなたのしたことはどういうこと？どうしたらやめられる？同僚や保護者と相談しながら進めるとなお良いでしょう。不安定な状態を建設的なことに変え、いつも健全な状態で遊びが行われているように整えるのが、教育者の責任です。

子どもが枝を使って、ある程度は乱暴な遊びができるように、私たちはいくつかルールを決めました。自分の前腕より長い枝は使わないこと、枝を持って走らないことです。大人は、不適切な遊びをうまく受け止めて、みんなで遊べるものに変える知恵を持っています。例えば枝に紐を結びつけて釣り竿を作る。枝に端布を絡ませてバッグを作る。小さな枝を組み合わせて小さな村を作れば、太い枝はその上をみんなで歩く道になったり、テントウムシの牧場や虫たちのホテルになったりします。枝はイラクサを刈り取る鎌になり、手織り機に掛けた毛糸に、枝や森のなかで見つけたさまざまな物を編み込むこともできます。枝越しにお手玉の投げっこをしたり、枝の上を飛び越えたり、下をくぐったり。叩いて鳴らす楽器を手作りして、パーカッションの合奏をすることもできます。

共同体と社会生活

子どもは、部屋で過ごす時でも、自然の中で過ごす時でも、仲むつまじく生きいきとした集団にいることを楽しむのです。人間は社会的存在として生まれ、他者と共にあって学び、他者と関係を持ちたい、グループの仲間になりたいと思うのです。小さい子どもが共同体の一員になることは、自分以外の他の子どもや大人が、自分とは異なる存在でさまざまな行動をとるということを学ぶ機会になります。また自分が個として、集団の中の、他の一人ひとりの間でどのように見られるかを知ることにもなります。そのような共同体で私たちは、素の自分であることができ、良き行動、良いとは言えない行動の両方を経験することで、仲間たちと共に成長していくのです。ゆったりとした空間があり、さまざまな異なる求めに応じることができる森と自然は、子どもが成長する共同体の、よい土台と言えます。

森の中には、子どもたちを幸せにするものが無数にあります。子どもたちがそこで遊んでいるときは、想像力にあふれていて、争いがほとんど見られません。もし何かいざこざが起きたとしても、子どもたち自身で解決でき

― 自然を味わう ―

小さい子どもが、自然を口に入れても大丈夫でしょうか? 私たちボンサイでは、野生の収穫を料理に取り入れて、自然を味わっています。森の中でときどき歩みをとめ、ブラックベリーやカタバミをつまんで食べたりします。何が食べられ、何が食べられないのか、大人が実物を見せながら伝え、子どもたちにしっかりと理解させます。見つけたものは大人に見せる、新しいものは口に入れる前に大人に尋ねるということを、子どもたちに徹底して教えています。私たちがふだんの生活のなかで、何が危険で害があるか注意深く目を配り、危険なものは子どもの手の届かないところに置くことと同じで、森の中で食べられるものについて教えるということは、私たち大人の責任です。子どもたちにとって、自然の贈り物を味わうことはとても重要です。それは、子どもたちと自然との関係に、もう一つの感覚「味」を加えることになるからです。

― 食べられるハーブ、植物、実 ―

- ・コミヤマカタバミ
- ・ブナの葉
- ・イワミツバ
- ・セイヨウイラクサ
- ・モミの若芽
- ・クマニンニク
- ・キンレンカ
- ・ヒナギク

- ・タンポポ
- ・西洋ニワトコ (花と熟した実のみ)
- ・ヘーゼルナッツ
- ・どんぐり
- ・ブナの実 (粒)
- ・ラズベリー
- ・ブラックベリー
- ・プラム／ミラベル

幼い子ども、特に保育園の年代の子どもたちは何でも口に入れて確かめようとします。砂、土、昆虫でさえも。小さい子どもは、舐める、食べる、かじる、においを嗅ぐという経験を通して、世界を知ろうとしているのです。それはどの子どもでもある一時期に見られる自然な行動で、大人が驚くようなものを口に入れていても、意外に平気なものです。それには、体の免疫機構が強められるというオマケまでついています。

[朝の歌]

そうなら自由にさせ、こじれるようであれば大人が手助け
をします。子どもたちの間にある程度の争いがあるのは
自然なことですが、園舎の中にいるときよりも、屋外に
いるときの方が、子どもたちの争いが少ないことに私た
ちは気づきました。屋外には境界線や壁に相当するもの
がほとんどなく、空間が広いので自由に動き回ることが
できます。大きな声を出しても、それが騒音として跳ね
返ってきません。つまり、抑圧されたりストレスを感じた
りすることが少ないので、争いが起きにくいのです。野
外の子どもたちは、自由を満喫しています。大人に邪魔
されず、いくらでも遊びを創造することができるからです。
屋内にいると、どこかで争いが起きたとき、それが子ど
もの集団全体に影響することがよくあるのですが、野外
ではそれがめったにありません。天井も壁もない広い場
所では、争いの影響は当事者だけにとどまり、全体には
影響が及びません。よく観察していると、子どもたちは自
分たちが快適にいられる場所というものをわかっていて、
もし近くで争いがおきたり嫌な音が聞こえてくると、そこ
から逃げ出して別の居場所を見つけるのです。だからそれ
ほどストレスを感じないのでしょう。逃げ場のない狭い
部屋の中にいると、全員が一つの雰囲気に染まってしま
うのです。

枝を振り回して争ったり、物を投げたりした場合には、や
ってもいいことと、いけないことの区別を教え、すぐにそ
の子どもの行動を正すのが教育者の務めです。しかし私
たちは、このようなときでも子どもを叱ることはしません。
そうではなく、私たちがその子に望む行動を、しっかりと
説明するのです。例えば「その枝はちょっと長すぎるねぇ。
こっちへおいで。ちょうど良い長さにするのを手伝ってあ
げるよ」と話しかけます。私たちがするのは、子どもが
前向きに、より良い別のやりかたを見つけられるように

具体的な選択肢を示すことです。このように別の方向を見いだそうとするときには、自然は特に役に立ちます。子どもが攻撃的なふるまいをするときは、大人とのふれあいを求めている可能性があります。そんなときは大人とくっついて座っていると、子どもはやがて落ち着きを取り戻し、気持ちを切り替えることができます。その子どもはそこで罰をうけるのではなく、再び仲間として受け入れられたことを知るのです。

子どもは集団の中で、さまざまな違いがあるのは自然なことだという経験をします。私たち大人は、すべての子どもは違っていても、同じようにとても大切であることを伝える責任があります。どの子にも、それぞれありのままでいる権利があります。自然には十分な大きさがあり、そのふところの深さが、集団の中にいる一人ひとりの子どもの個性と、その多様性を受け止めてくれるのだと思います。もし子どもが、今は独りでいたいと感じるのなら、誰かと遊びたくなるまでの間、少しだけ引きこもってひとり遊びをしていてもいいのです。もし疲れているなら、私たちはその子のために、静かに休む場所を作ってあげます。自然の中には、個々の感情を自分で納得するまで居ることのできる良い場所があり、それによって共同体は、お互いの違いを受け容れることができるようになるのです。

一緒に何かをすると結束が高まります。私たちは一日のうちに何度も、みんなで集まってさまざまなことをします。そこで大人や他の子どもから刺激を受けて、子どもたちは成長するのです。子どもたちの学びと発達のペースは、ひとりずつみな違います。朝の集まりが大好きで、積極的に役目を引き受けてくれる子もいれば、引っ込み思案できっかけが必要な子もいます。お絵かきをすればある子はすっかり熱中し、いつまでもやめようとしませんし、別の子はすぐに飽きてしまい、紙の上にきちんと色や形を作ることができません。根気よく一つのことを続けるのが苦手な子もいれば、コツをつかむまでに時間のかかる子もいます。初めての食べ物にも平気で手を出し、2、3人分を平らげてしまう子もいれば、慎重で、よく見て確かめてからでないと口にしない子もいます。語り聞かせの間ちゃんと前を向いて座っていられる子、いっときもじっとしていられない子もいます。感じてほしいのは、これから始めることに、私たち大人が真剣に取り組み、全力で打ち込んでいるということです。お絵かきをするときは仕上がりを気にせず色彩に夢中になり、歌うときは音程など気にせず楽しんで歌う。何より大切なのは、みんなと一緒にいることを楽しむ、ということを、大人が率先して実践し、子どもたちに伝えるのです。共同体のなかで、子ども一人ひとりが、それぞれの発達と学びにつながる、さまざまなインスピレーションを受けます。そして遊びを通して、受け取ったすべての印象を自分のものとし、他者と出会い、自分自身と周りの世界の両方を理解するようになってゆくのです。

自然の中で、周りの大人はどうあるべきか

野外では、大人は自分の役割が何であるか、常に意識していなければなりません。野外に出かけるには、そこで子どもたちが安全に、良い刺激をたくさん受け取ることができるよう、教育的な視点からの注意力が欠かせません。子どもが健全に、自由に、思うままに想像力を広げて遊ぶための、最も重要な条件の一つは、それぞれの子どもに、大人がたびたび寄り添い、世話をし、注意を向けることで、その場所が共に在る意識で満たされているということです。広い自然の中で、子どもと大人がお互いに注意を向けあうようリズムを作るのは大人の役目です。私たちは一日に何回か、大人が主導する活動に全員を呼び集め、どの子どもも必ず大人が見ていることを意識できるようにします。時には、個別に支援を必要とする子どもを見ることがあります。不安定、乱暴すぎる、何にも興味を示さず退屈している、あるいは十分に着込んでいるのに凍えているなどです。こういう子どもに気づいた大人は、自らのすべてを向けて、その子に手をさしのべる責任があります。その子を隣に座らせ、ちゃんと見ている、話を聞いていることを確信させるのです。自由遊びの時間と、大人が主導する活動は交互にあります。それはシュタイナーが呼吸に喩えて説明したように、一日を通してリズミカルに繰り返されます。これについては、次の章で詳しく説明します。

大人は、子どもたちが見て真似できる行動を、丁寧に行うことが重要です。大人のしている仕事にはそれぞれ意味があります。掃除、水まき、庭の手入れ、テーブルやベンチを拭く、などです。大人が何か役に立つ仕事をしているのに気づいた子どもは触発され、それを手伝いたがったり、ごっこ遊びに取り入れたりします。大人が語りかけなくても、子どもたちは大人のそばで、無言でその存在を感じながら、良質の遊びに没頭するのです。大人たちが穏やかでいれば、それは子どもたちの間にも広がってゆきます。静けさが大切なのは、大人が子どもに話をしやすいからではありません。良い雰囲気はすべてに優先されます。そこに集うすべての子どもと大人が、心穏やかに過ごせる場所を作るのは大人の責任です。そのためには誰が何をして、何に責任を持つのか、綿密に打ち合わせをしておかなくてはなりません。子どもたち全員の様子を事前に把握しておく必要があります。それぞれの状況で、誰が何をすべきか、明確で統一された方針が決まっていれば、大人は声を張り上げたりせず、穏やかに、協調してなすべきことを進めることができます。そのためには、あらかじめ決めておいたことに従って、お互いに相手を信頼して任せなくてはなりません。

― 適切な静けさを作り出す ―

幼稚園児の集団には、毎日、熱意をもって必要な静けさを作り出すことが、とても重要です。食事の前に、静かに小さな歌を歌う。素話（語り聞かせ）をする。特に指あそびは静けさを生みます。子どもたちの活発な声を、一人ひとりがよく聴こえ、すっとその世界に入ることができるような、落ち着いた静寂へと、静かな大人の声が

導きます。それは大人が静かに話し始めたときにはいつも素敵なことが始まる、というポジティブな記憶となって、子どもたちの心に刻まれた学びとなるのです。共同体に属するというのは、ワクワクするお話を聴く前には歌を歌ったり静まったりする、といった、同じ文化を共有することです。

大人が大きな声で、静かにしなさい、と言い聞かせて、それで子どもが静かになることはまずありません。むしろ逆の結果になるでしょう。一方、もし私たちが、よく通る優しい声で「あっ、今、鳥の声が! 歌ってるのかしら? ほら、聞こえる? 聞こえる?」と子どもたちの注意を引きつけたらどうでしょう。子どもたちは一斉に大人の方を見ます。状況は一変し、子どもたちは協力者となり、そこで言葉と行動の感覚をすんなりと結びつけることができます。それは大人が、教育の道具としての自分自身の体を意識し、用いるということです。そうすることで私たち大人を、子どもの経験の世界に近づけ、子どもたちの積極的な協働を得ることができるのです。過程は結果よりもはるかに重要である事を、大人は忘れてはなりません。教育の可能性の大部分は、まさに過程にあるのです。そこへ子どもの注意を引きつけ、一緒に連れて行くには「状況を一変させる」ことが必要です。教育は芸術です。そして自然は、子どもたちの注意をつかむための最高の舞台なのです。

― よく見える安全な居場所を野外に作る ―

自然幼稚園で子どもが安心して自由に遊べるためには、入念な準備が必要です。トイレに行くこと、食べ物を得ること、身体が暖かいこと、安全が確保されていることなど基本的な部分が、大人によってきちんと管理されていることが必要です。私たち大人は、子どもたちがどこからでも迷わず戻ってこられる、安全な基地を作らなくてはなりません。手伝ってほしい時には助け手があり、木の枝でちょっとすりむいたときには絆創膏があり、悲しい時には抱きとめて「よしよし」をしてくれる大人がいる。もめごとの時には解決のヒントをもらえ、疲れていたらやわらかな子羊の毛皮の上でごろごろしたり、ちょっぴり大人にくっついておしゃべりを聞いてもらって、充電できたらまた遊びに戻れるような、居心地のよい場所。私たちは交替でその基地の番をします。大人がそこにいることが、子どもたちのなかに平安を生むのです。私たちはそこにただ座って針仕事をしたり、木片を削ってネズミを作ったり、編み物をしたり、ニンジンの皮を剥いたり、季節の飾りを準備したりしています。

誰にでもわかる単純な決めごとがあると子どもは安心します。例えば大人がある歌を歌ったときと、呼んだときには遊びをやめ、すぐに集まる、といったことです。子どもだけで自由に動き回ってもいい範囲を示す旗も役に立ちます。私たちはその旗を境界旗と呼んで、滞在場所に到着すると、まず子どもたちと一緒に旗を立てて回り、一日の活動が終われば、子どもたちは喜んで旗を回収するお手伝いをします。

野外活動をするとき、大人はその地域に精通していなければなりません。その場所と自然を実際に知っている

ことが求められます。子どもたちの安全を考えるまえに、自分がその場所に慣れていなくてはなりません。毎週、曜日ごとに行く場所を決めておくと、毎日の変化を楽しみつつ、次の週には同じ場所に戻ってくるので、どの場所もすぐに見つけられ、そこは安心できる基地となります。もし来る日も来る日も狭い範囲の同じ場所にいたら、そこはすぐに見慣れた退屈な場所となってしまうでしょう。その場所で可能であれば、二本の木の間にロープを渡して防水シートや布をかけると、雨宿りのできる安全な小屋ができ、子どもたちはそこを隠れ家として使うことができます。風の日、芝生の広場は吹きさらしで、子ども自身が風になって飛び回ります。風が強くなると、じっと立っていることさえ難しいときもあります。風をつかむことが目的の日なら —— 例えば凧揚げなど —— それで問題ありませんし、風を避けたいのなら森の中に逃げ込めば、ほっと一息つくことができます。

もちろん、教育者なら誰でも自然に慣れているということはありません。私たちはもう何世代も都市環境で暮らし、育ってきました。森は無条件に与えられているものではなく、こちらから探し求めなければならないものになってしまっています。小さな子どもと共に働く大人は、子どもが見て真似をする対象ですから、少なくとも自然の中でリラックスし、安心していられることが大前提です。大人が不安を感じていたり、野外での活動を面倒だと感じていると、それはすぐに子どもに伝わります。自然のなかで、子どもたちのよい見本となるような行動ができるようになるには、努力が必要です。自分の中の嫌悪感や恐れに打ち克ち、あえて自然に対する好奇心を見せ、子どもたちが自分自身で経験することができるようにしなければなりません。子どもたちが将来、自然との関係を形づくる時、まわりの大人の自然に対する態度がそれを左右します。寒い日でも、雨の日も、大人は熱意と喜びを示せなくてはなりません。個人的欲求を越えたところで、自然の営みをとらえることができなくてはならないのです。厳しい環境のもとで楽しく過ごすためには、創造的で楽観的な態度が必要です。子どもたちは動き回るのが大好きです。散歩にでかけるとこころが喜び、身体が暖まります。たき火でお茶やスープを作り、みんなで楽しみましょう。自然は時として厳しい顔を見せますが、それを楽しくする方法がある事を子どもに見せることが大切です。それが子どもに、倒れても起き上がる力、勇気、希望を与えるのです。

― 森のようちえんの新入園児 ―

ほとんどの時間を野外で活動する森のようちえんに入園し、登園することは、一部の子どもには相当な冒険でしょう。子どもが気後れせず自由に遊べるようになるには、新しい環境に慣れるまで安心して過ごせる時間が、十分に与えられていることが必要です。何よりもまず、その子がずっとくっついていられる、信頼できる大人が必ずそこにいることが重要です。そのことに大人は責任を持たなければなりません。その子どものそばにいて、日々の活動に一緒に参加し、食事やおやつの時間には隣に座り、自由遊びの時は常に目を配っていましょう。

もし通い始めの時期に、悲しい気持ちでいる子がいたら、暖かい居場所を作ってあげましょう。木の根元に毛

布を敷いて、そこから遊びを始められるかもしれません。食事のお鍋をかき混ぜるのを手伝ってもらいながら、歌を歌い、悲しくったってだいじょうぶ、だって大人がいるでしょう、いつでもなぐさめ守ってあげる。そうさりげなく伝えることもできます。また別の方法は、お人形や調理道具など、家の中で子どもが見慣れている小物を持って森へ出かけることです。そうすれば、まだ森に慣れていない小さい子たちも、すぐに遊ぶことができます。見慣れた物、安心できる物は、小さな子どもが新しい環境に慣れるまで、居心地よく感じるために役立ちます。そのうちに、年長の子どもたちが森の中の物で遊んでいるのを見て、持って行ったおもちゃはすぐに放り出します。大人はそれまで忍耐強くやりかたを見せ、できたことに感激し、自然の中でなされるすべての事を喜ぶ、満たされた自分の存在を、子どもに見せ続けなくてはなりません。やがて子どもは、自然の中にいることが、自分にとって一番あたりまえで居心地の良いことだと感じるようになり、自然が自分の居場所になるのです。保護者との信頼関係と良い対話は欠かせません。私たちはそのために、お子さんがどのように過ごしているか、電話でよく話をします。親は幼稚園を信頼して任せ、子どもが帰宅したら静かに休める環境をととのえることが大切です。入園直後は特に、この家庭での平安が重要です。

保護者の経験、保護者の課題

多くの保護者が、野外生活をふんだんに取り入れた幼稚園に、子どもを通わせることを強く望んでいます。この分野に関するさまざまな研究と知見も、自然が子どもの発達において健康を増進させることを示しています。しかしその保護者の多くは、単に「新鮮な空気のもとでたくさん遊ぶのは良いことだ」と漠然と感じているに過ぎないのかもしれません。自分の子どもが、枯れた観葉植物のように家の中にじっとしているのを見て、喜ぶ親はいません。丸一日健やかに動きまわり、何かに挑みつづけたことが一目で見て取れる泥だらけの服で、ほっぺを真っ赤に上気させた子どもを連れて帰宅するのは、保護者にとってはうれしいものです。けれども中には、子どもが怪我をすることが心配で、森や自然の中で活動することに消極的な保護者もいます。本書の巻末に掲載した詳細資料に、森の幼稚園を選んだことについて、保護者のさまざまな意見や感想をまとめました。そのいくつかを抜粋してここで紹介します。

> 「大人の勝手な都合ですが、子どもたちが一日中、外にいさせてもらって、新鮮な空気の中ですごしていることが分かっているというのは、ありがたいことです。私たちが午後じゅう家の中にいておしゃべりをしていたり、家事をしていたことに、後ろめたい思いをしなくていいのですから」

> 「子どもたちには、あまり早い時期にひとつの考え方にとらわれてしまわないよう、想像力を自由に発揮してほしいと願っています。そのために屋外で新鮮な空気を吸い、空を眺め、鳥の声や木々の

― 森のようちえんで働く ―

森のようちえんで働くために、自然の専門家である必要はありません。必要なのは、開かれた心と好奇心を持っていること、野外にいることに真の喜びを感じることです。幼稚園の教員や職員たちに、子どもと一緒に野外で働いていて、経験したことを聞いてみました。

ずっと外で過ごしていると、こんなに良いことがある

- 季節の変化と自然を身近に感じる
- 外にいるだけで喜びと平安があり、とても満たされる
- 不思議に思う気持ちと自由な発想がどんどん湧いてくる
- これまで見過ごしていたことに気づけるようになる
- 身体を解放できる広いスペースがある
- いい天気の日にはそれに感謝する気持ち、厳しい気象の時は耐える力が身につく
- 外では、屋内とは全く違った良い遊びができる
- 自然のリズムがはっきりわかる
- 自然のゆったりとした流れに身をまかせられる。座って何も言わず、ただ雲を眺めているような
   特別な時間は、屋内ではあり得ない
- 開放感
- 自然の不思議な営みを知ることの喜び
- 屋内にいるときとは違う、子どもたちの別の面、より完全な姿を見ることができる

ずっと外で過ごしていると、こんなに大変なこともある

- 子どもも教員も、服装や履き物にとても気をつかう
- 森ではよく物がなくなり、探すのがすごく大変
- 事前に入念な計画とチェックが欠かせない。例えば大人が忘れ物を取りに戻るため、途中で抜
   けると後が心配
- たくさんの物を使って森の中で何かをするには、相当の覚悟がいる。物を持ち運ぶのは重労働
- 気候によっては、外に出るのが厳しい時期がある
- 外では厳かな雰囲気を作るのが難しい
- 寒風と冷たい水で肌が荒れる

ざわめき、水のせせらぎを聞き、季節の移り変わりを感じる必要があるのですね。自然とリズムに導かれた生活の哲学というものが少しわかってきて、家でもそれを実践しています。それは子どもをここに通わせてみて、私たち家族が得たたまものです」

「息子は毎日、健康的な良い疲れ方で、家に帰ってきます。それは彼が一日中、自然な起伏のある場所をよじ登ったり、穴を掘ったり、全身で冒険を楽しんでいるからです。彼の体と運動能力はめざましく発達し、信じられないほどのたくましさで、世界を受けいれるやりかたを身につけていきました。どんなに寒かろうが、雨やみぞれが降っていようが、外で遊びたいという彼の気持ちは少しも揺らぐことがありません。森の中で遊ぶのを見ていて、彼はそこでとても大切な、自然との関係を教わっているのだと思いました。季節の移り変わり、植物や動物のいのちの始まりと終わり。日々、森の中では、いのちの不思議がはっきりと目に見える形で描かれるのです。彼は石ころや小枝などを持って帰ってきますが、それはただの石や枝ではありません。フラワーポットの宝箱にしまってある枝の形をした物は、川、馬、芝刈り機、自動車のハンドル、空気入れ、リモコンなのです。森の中で見つけた物で遊んでいると、つぎつぎと空想の世界が広がって私たちを導き、大人になってもすばらしい想像力を持ち続けることができると知りました」

自然を主な枠組みとした幼稚園で、家族以外の人間に子どものお世話を任せていただくためには、信頼が欠かせません。保護者があまり自然に親しんでいない場合はなおさらです。信頼を築く方法はいろいろありますが、私は園長として、保護者を安心させる対話を重視しています。まず最初の数日間、保護者が園児と一緒にいられるように、園に招待し、屋外で一日過ごすことの意味を理解してもらいます。定期的に保護者会や個別の面談を持ち、その子の幸せについてよく話し合います。必要に応じて随時、保護者とスタッフが直接話ができるような機会を設けたり、電話で話ができるようにしています。信頼を得るには時間がかかります。幼稚園に預けた自分の子が、一日中氷点下の屋外にいたと知らされたら、最初は抵抗があるでしょう。けれども、いかにも楽しそうに満たされた表情で、日々成長していく子どもをお迎えに行くたびに、保護者の中に安心と信頼が芽生え、ここよりも良い子育ての環境など想像できない、と確信している自分に、ある日突然気がつくことになるのです。

保護者や教育の専門家の中には、森のようちえんのように、一年中ほとんどの時間を自然の中で過ごさせるのは酷だ、と主張する人がいるかもしれません。実際、例えば「うちの子は過敏なので、自然の刺激は強すぎると思います」とか、「内向的な子なのであまり外に出たがらないのです」という声を聞くことがあります。けれども私は、過敏な傾向のある子ども、安定した子ども、多動な子どもすべてに、自然はプラスの効果をもたらすと信じています。習慣と文化は子どもに影響を与えることができます。もちろん、すべての子どもは同じではありません。しかし、自然が、子どもの幸せにプラスになるものを何も与えなかった、などという例を、私は経験し

たことがありません。他の教育機関同様、子どもたちにさまざまな選択肢が与えられていることが大切なのです。大人には、適切な環境を整える義務があります。天候や風は、どこでどのように過ごすか、という判断に大きく関係しますし、広げた毛布や秘密基地のような小屋など、自然の中で子どもたちが一息つける場所を作るのも教育的な配慮です。

― 保護者の役目 ―

子どもを自然の中で長時間過ごさせるためには、保護者の協力が不可欠です。何セットもの着替え、ジャンプスーツ、ウールとシルクの下着はほとんど一年中、どの季節にも必要ですし、帽子や手袋はしょっちゅうなくすので、換えが必要です。朝、街の中の集合場所で行ってらっしゃいと手を振りながら、その後で子どもたちが吹きさらしの広場や海岸で一日中過ごすことを想像するのは難しいかもしれません。ですから園から保護者に対して、衣類について細かなコミュニケーションをとることが求められます。

私たちは保護者に、天候について悪い側面を見ないようにお勧めしています。それは子どもに伝染するからです。大人の自然に対する態度は、子どもたちが将来、自然との関係を形成するうえで大きく影響します。厳しい天候の時にも良い雰囲気でいるためには、創造的で楽天的な姿勢が欠かせません。どんな日でも熱意と喜びがあることを、大人が示すのです。どんよりとした空、冷たい雨の日には、暖炉の前で好きな本を一日読んでいたい、という誘惑に勝たなくてはなりません。さまざまな天気の性質を認め、それに感謝することです。そうすれば確実に雨の日も楽しくなります。それは私たち大人が子どもに送るシグナルなのです。自然のあらゆる特質をよく観察し、それに感謝することを子どもに教えましょう。自然は危険ではないことを教えましょう。自然の要素は、子どもの気持ちを動かします。例えば風の日には子どもはいつもよりちょっとはしゃぎまわり、雨の日にはその魂は静まって、瞑想しているかのようです。

子ども島ボンサイでは、保護者も参加できるよう企画した季節の祝祭を、折々に祝います。自然の中では結束感が高まり、子どもと教育者と保護者の間に信頼と相互理解をもたらします。春には五月祭が開かれます。保護者ときょうだいたちがやってきてメイポールのまわりを踊り、春の歌を一緒に歌います。この機会を使って、私たちは保護者と一緒に、ブナの新芽が萌える森の中を散策し、いのちの再生を体験するのです。夏祭りは保護者と一緒に企画し、歌って踊ります。11月にはランタン祭りにきょうだいと保護者を皆招待し、暗闇に光を呼ぶ神秘的な歌を歌いながら、森の中を行列するのです。さまざまなイベントがありますが、大切なのは、一つの共同体を意識するという枠組みのもとに皆が集まるということです。ボンサイ以外の森のようちえんでも、同じように共同体を意識する活動がよく行われているようです。例えば、フューン島[61]の小さな幼稚園では、毎週金曜日の午後、たき火でクレープを焼くのだそうです。保護者たちは週末の始まりを、一緒に子どもたちとたき火を楽しみながら迎えるのです。

森への送迎バス

子ども島ボンサイでは、保護者が直接送り迎えをする近所の子どもたちと、コペンハーゲン市街、アマー島地区、およびヴェスタブロー地区の各集合場所から、送迎バスで登園する子どもたちがいます。バスを利用する子どもの保護者は、毎日同じ時間に決められた集合場所で送り迎えします。送迎バスは定刻に来ますので、その時間に合わせて行動するのを負担に思う保護者もいるかもしれませんが、それは家族の毎日のリズムを作るのに役立っているはずです。

小さな子どもにとって、バスで森へ移動する時間が長すぎるのではないかと心配する保護者もいます。私たちの経験では、子どもたちをバスで森に連れて行くことで問題になったことはほとんどありません。森へ移動するのにかかる時間は、片道30分から45分くらいです。片道1時間以内であることが重要です。朝、バスに乗ることで子どもたちが受けている恩恵もあります。それは、子どもたちが園の仲間に気持ちよく入っていけるよう、急かされずのんびりとその日を始められるということです。すぐに仲良しの子とおしゃべりを始める子もいれば、ぼんやり窓の外を眺めている子もいます。バスの移動は、子どもたちが穏やかに保護者から離れるための大切な時間なのです。大人は子どもたちと歌を歌うなどして、移動の間も楽しく満ち足りた雰囲気をつくります。帰りのバスでは、多くの子どもたちが、その日一日を思いきり遊んだ余韻にひたりながら、うとうとしています。これもまた大切なことで、その間に子どもたちは回復し、家に帰ってからも元気に過ごせるのです。

毎朝、集合場所で一緒に子どもに手を振り、午後にまた一緒にお帰りのバスを待つことで、保護者たちもまた絆を深めているようです。待っている間にはおしゃべりをし、やがて友情が生まれ、経験を語り合い、助け合うグループができます。それがきっかけで生涯の友人となることもめずらしくありません。直接幼稚園へ子どもを送り、また子どもをお迎えに行くことにも、幼稚園のある場所やまわりの森を見ることができるというメリットがあります。一年を通して自然の変化を感じ、スタッフと会話をし、子どもの遊んでいる様子を間近に見ることができます。子どもたちは、お父さんやお母さんに、自分がどこまで高くよじ登れるか見てほしいのです。こうして園と家庭との架け橋が生まれます。ですから、送迎バスを利用している家庭でも、月に一回くらいは、ぜひ園まで送迎に出向いてほしいのです。

3歳未満児の野外活動

私たちの保育園の方では、1歳から3歳くらいまでの子どもを預かり、毎日屋外へ出ています。この年齢の子どもを外に連れ出すのにも重要な意味があります。この年代は、自分の身体を確かめながら世界を知っていく時期です。運動と感覚の調和を自分のものにするための、広い練習場所が必要なのです。また小さな子どもたちは好奇心のかたまりで、自然の中で何かを見つけることが大好きです。カタツムリ、葉っぱ、てんとう虫、初めての雪のひとひら、水たまりに反射するお日さまのきらめきに、たちまちとりこになります。気温が氷点下になる冬の時期は、小さな1歳児が外に出ていられるのは一日のうちせいぜい2、30分ですが、それでも良い効果があるのです。屋内とは違う空気の変化や、そのほかさまざまな感覚を体験することができ、なによりそのほっぺにかわいい赤い色がさします。冬の間は小さい子を長時間外に出せない理由の一つには、厚着をさせると身体の動きが妨げられるということが挙げられます。十分暖かい服装をしていても、自由に動けないと身体を暖かく保つことができません。

3歳未満児と幼稚園児に必要なものはそれぞれ異なります。小さい子どもは運動能力を刺激するためにたくさん動く必要がありますが、大きな子たちとは違います。散歩に行くときは、子どもたち自身で歩くことが必要ですが、一番小さい子どもたちだけはベビーカーに乗せます。全員がついてこられるように、それほど長い距離を歩くことはしません。時々立ち止まっては花を見たり、たまたま見つけたカタツムリを観察したり、梢で歌う鳥の声に耳を傾けたりする時間も必要です。子どもたちはそこで体験したことを言葉で表現しようとし、それが子どもたちの言語能力を伸ばすとてもよい機会になります。小さな子どもには時間が必要です。彼らは「今」の真ん中に呑み込まれていて、その存在すべてが、周囲に起こるすべてのことがらに向かって開いています。小さな子どもと一緒に砂あそびをしたり、蟻についていったり、海岸で石ころをあつめたりするとき、そこには特別の静けさがあります。彼らは何にでも手を出したがり、この小さな存在と自然の中で過ごす時間は、まるで魔法の中にいるようです。子どものそばにいる時、大人は決して忙しくしてはいけません。子ども自身が、その驚きに満ちた世界へとしっかり足を踏み入れ、その子のペースでそこを探索するのを待つのです。

保育園では、日常生活すべてにおいて、同じリズムを守ることが大切です。そうすることで子どもたちは、自然からの体験を、毎日の生活のなかで確実に受け止めることができます。朝の集まりのあと、保育園の子どもたちを小グループに分けて更衣室に連れて行きます。そこで子どもたちは、自分で服を着る練習をします。自分ひとりでできるようになるために、大人は根気よく導きます。靴をひとりで履く練習もします。時間を十分にかければ、たいていの子はできるようになるものです。この年代の子どもは、すべてにおいて時間が重要な鍵なのです。大人の正しい態度と忍耐が、その子の自分でやりたいという気持ちを確実なものにします。結果よりも、そこに至る過程が重要です。

デンマークでは、小さい子どもを乳母車やベビーカーに寝かせたまま、外でお昼寝をさせるのが普通です。私たちの保育園でもそうしています。新鮮な空気は、子どもの睡眠と健康によいものです。暖かな布団の上に、ウールを着せて子どもを寝かし、寒くないようにします。屋外でよく動き回り、充実した時間を過ごした子どもたちはよく眠り、よく食べ、元気を取り戻します。私たちの保育園では、食事の時間の直前まで外にいます。準備ができると子どもたちは園舎に入り、服を着替え、手を洗い、テーブルにつきます。そして食事を始めると、何にも代えがたい満足感が子どもたちを満たすのです。

アマー島地区にある私たちの小さな保育園では、大自然に直接出て行くことはできません。保育園はアパートの1階にあって、わずかな樹木と芝生の庭、砂場だけの小さな中庭に出られるだけです。森はありませんが、何もないよりはましです。砂遊びをしたり、ちょっと木登りをしたりできる、それがこの小さな保育園の貴重な自然体験です。私は以前カリフォルニアを訪問したとき、自然のある場所へ出て行くことが難しい地域にある保育園をいくつも見ました。その園庭には、わずかばかりの木と芝生があるだけでした。しかし、そこではスタッフが工夫して、その小さな庭に木材を使ってよじ登れる場所を組み立て、子どもたちのために刺激的な運動環境を作っていました。平らな芝生の庭は、こうして小さな丘陵地帯へと変えられたのです。

入学にむけての準備

子どもたちが学校にあがる前、幼稚園での最後の日々が近づくと、私たちは年長児を全員集めてひとつのクラスにします。ほとんどの子どもは夏休みまで幼稚園に残り、8月から学校に入学します[63]。イースターから夏休みまでの間、4つのクラスの年長の子どもたちは、特別の「卒園準備クラス」に集められます。それは、安心できる守られた環境にいる一人ひとりの子どもが、新しい人間関係の中へと入ることを学び、あえて緊張する環境で自らの能力を試す時期が来たからです。ここでは全員が同じ年代の子ですから、いつもの縦割りグループの中で最年長として振る舞うのとは勝手が違います。卒園準備クラスの子どもたちは、さまざまな場所へ出かけます。デュアヘーウン（鹿公園）[64]へのハイキング、フラク要塞ボートツアー[65]、演劇鑑賞や博物館などです。幼稚園の近辺で活動するときも、これまでより長い距離を歩きます。この時期は、どんな天候であっても一日中外にいるようにしています。森の中で、雨や風を避けるためのテントや帆布の小屋を建てるのに、皆で力を合わせます。卒園準備クラスの子どもは皆たくましく、自立していて、さまざまな課題を助け合いながら、難なくこなしていきます。私たちは一緒にその訓練をします。人形を縫い、棒馬を作り[66]、材料を削り、色を塗るなど、さまざまな創造的手作業が計画され、すべてが自然の中で行われます。そして夏の最後のしめくくりとして、全員で

---

62 136ページの写真参照
63 デンマークの新学期は8月に始まるが、近年は6月またはそれ以前に小学校付属の学童クラブ（SFO）に子どもを移すことが一般的。
64 Dyrehaven：コペンハーゲン郊外の自然保護区域にある、野生の鹿がいる公園
65 Flakfortet：オーレスン（デンマークースウェーデン間の海峡）にある人工島、砦
66 子どもが跨って馬に見立てて遊ぶ玩具

劇を作り上げます。子どもたちがさまざまな役を務め、舞台装飾も自分たちで作り、そして夏祭りには保護者や友だち、きょうだいの前で上演します。

私たちは、年長クラスの子どもたちが、週に2～3日を卒園準備クラスで過ごし、それ以外の時は慣れ親しんだ元の縦割りクラスに戻るようにしました。それは、最後の日まで元のクラスにも居場所があって、そこでリラックスできるという安心感を保証するためです。一定の時間だけを卒園準備クラスで過ごすことで、新しい環境のストレスに疲れ切ってしまうことなく、元気いっぱいで新しいことにチャレンジできるのです。毎年この時期に、20人～25人の子どもたち全員でこのプロジェクトを完成させるためには、私たち幼稚園が時間をかけて入念に計画をする必要があります。それは私たちから子どもたち一人ひとりへの卒業祝いなのです。子どもたち自身もそれをとても楽しみにしていると、私たちは保護者から聞いています。こうして子どもたちは幼稚園と、そこで親しんだすばらしい日々に別れを告げ、まだ知らない新しい世界へと足を踏み出します。それは幼稚園から学校へと移っていくための儀式なのです。

私たちの幼稚園から小学校に上がった子どもについて「学習への準備ができている」「落ち着いている」「新しいことに興味をもつ」など肯定的な評価を、小学校の幼稚園クラスの先生から頂くことがよくあります。これは私たちの自然を枠組みとした教育方法が実を結んだという証拠であると信じています。子どもたちは自らの身体の上にしっかりと根を下ろし、新しいチャレンジの準備ができています。彼らには、そのための最も大切な力――好奇心、学習意欲、社交性、そしてそれを支える健康な心と身体が備わっています。

― 学校が始まってからも自然との関係を保つ ―

保護者と教育者は、野外生活の機会を子どもに与える責任があります。デンマークの子どもは、起きている時間のかなりの部分を保育施設で過ごしています。ですから教育者として、子どもたちに野外生活と自然をたっぷりと提供できるよう、基本的な枠組みを考えるのは当然のことです。私たちの森のようちえんの子どもにとって、自然と野外生活は、日常と切り離すことができません。ですから卒園して学校が始まっても、毎日の生活の中で森と自然体験を子どもたちに与えつづけることを忘れないように、私は保護者たちに話しています。子どもたちは幼稚園で一日中自然の中にいた時と同じように、これからもリラックスする必要があります。自然の中で安らかに時を過ごしたことで、子どもたちは生涯の友を得ました。しかし、それはこれからも育んでいかなければならない関係です。子どもたちは、折々に森に戻り、散策するひとときを持ち、騒がしい街の生活や混乱した日常空間から抜け出し、自然とふれあうことによって、このかけがえのない関係を維持することができるのです。子どもの健全な発達を助ける友、自然の力は偉大です。子どもは不思議に思ったり感動したりできる素晴らしい力を、生まれながらに備えており、自然はそれができる最高の環境なのです。

67 デンマークでは、小学校は一年生の一つ下の学年（幼稚園クラス）から始まる

第3章
シュタイナー森の幼稚園の教育

こども島ボンサイでは、ルドルフ・シュタイナーの幼児教育を実践しています。シュタイナー教育の根幹にある思想は、端的に言えば、特定の技能や人格の一面を発達させることではなく、一人ひとりを全人的に理解し、関わっていくことにあります。それによって子どもは、自分の存在を認めることができ、世界を探求する勇気が育つのです。人生の最初の7年間は、その後の発達のための基礎を形成するかけがえのない期間です。この時期は、規則正しい生活と良い模範、愛、すべての感覚と身体への刺激で、毎日が満たされていなければなりません。私たちはこの教育こそが人間の健康を増進する教育であると信じ、健やかで丈夫な子どもを育てるのは何か、日々自問しつつ歩みを続けています。

この章では、シュタイナー幼児教育学の根幹をなす4つのテーマ（自然、リズム、感覚、模範）が、こども島ボンサイという森のようちえんでどのように実践されているかを詳しく説明していきます。シュタイナー幼児教育学の詳細については、巻末の資料集をご参照ください。

■自然と、自然のリズムの重要性－季節について
私たち人間は、リズミカルな存在です。息を吸い、吐き、目を覚まし、眠ります。季節の移り変わりもまた私たちにリズムを与えます。子どもたちが、移り変わるそれぞれの季節ごとの特徴とその雰囲気に直接触れるとき、感覚が刺激され、一年をめぐる季節は子どもたちの内にリズムとなって宿ります。そのために、私たちは四季折々の自然を持ち帰り、その雰囲気を祝うのです。自然という、私たちの想像もつかない大宇宙には、超自然的な生物や摩訶不思議な世界も存在します。子どもたちの世界では、現実と非現実の境目はありません。彼らにとって空想世界は生きいきとした現実であり、教育がその場所を奪ってはならないのです。

■リズムの意味
夏が冬になり、昼が夜になるように、人間の呼吸は、吸って吐くことを交互に繰り返します。シュタイナーによると、人間の癒やしの力は、呼吸器系の中に隠されています。リラックスした人は調和のとれた呼吸ができ、深く穏やかに息をします。 私たちが幼稚園で、大人が主導する活動と、子どもの自由遊びを交互に行うことの意味はここにあります。

■全感覚を毎日刺激する

持てる感覚をすべて使い、常に全感覚が刺激されることで、真の全人的存在が生まれると私たちは信じています。シュタイナー幼児教育学では、子どもを全人的に育むことを重視しており、そのために最初の7年間で育てなければならないのは、体であるとされています。この時期に経験するすべての身体表現が、のちに知的な発達をする上での基礎になると考えているからです。「意味を掴みたければ、まず手で掴め[68]」という古いことわざの通りです。ですから私たちは、野外でも屋内でも、すべての感覚が毎日刺激されるよう、意識して努めています。

■真似される模範の重要性

シュタイナーは人間の発達を7年ごとの期間に分けて考えました。7歳までの子どもは主に模倣によって学びます。小さな子どもは、まわりの世界で出会うすべての事を吸収し、自分の経験として遊びの中に再現します。私たちは、直接子どもに遊びを誘導することはしません。むしろ私たちのしぐさや行動、私たちどうしの会話や子どもたちとのおしゃべりが、子どもの想像力を刺激するように心がけています。習得すべき課題を机上で構成したような、人為的な学習環境よりも、そこに実際に生じた必要性から導かれる学び、すなわち目的が具体的で明確な、学ぶ意味が自然に存在する状況の方が、はるかに効果的で刺激的だと信じています。ですから私たちは、子どもが直接、間接を問わず、無条件に真似できるような、良い行動をする大人であることを常に意識しています。野外生活はそのための特別な可能性を持った環境です。

一年のリズムと自然

「移り変わる季節に深く思いを寄せて生きるとき、私たちの魂は豊かにされ、もはや自らの殻の中に不機嫌に閉じこもり、外の世界をただやり過ごすような日々はなくなる。それどころか、自然を親しく体験し始める。蕾が膨らみ、一つひとつの花が開いてゆくさまに、朝陽にきらめく露のしずくに現れた、不思議な朝の秘儀の中に、私たちが生きていることを感じる」

（シュタイナー GA 229 1923[69]）

自然と、季節をめぐるそのリズムは、私たちの教育に非常に重要な役割を果たします。自然にはさまざまなリズムがあります。植物には芽吹き、花を咲かせ、散り、地に落ち、朽ちて終わるまでの自然の流れがあり、その命のサイクルは翌年もまた繰り返されます。ここに、子どもを自然に触れさせることの重要な意義が示されています。子どもたちはこのリズムに従って、自分たちの遊びの中に自然の要素を取り入れます。自然の中では、発展と衰退が常に繰り返されています。そこに私たちは誕生、幼年期、思春期、成人、そして老いと死を見ます。

68 "Man skal gribe, før man kan begribe"「gribe」（握る）と「begribe」（把握する）をかけたデンマークのことわざ
69 Rudolf Steiner "Four Seasons and the Archangels" Lecture I: The Michael Imagination, GA229 英語版からの訳

意味と調和を見いだすさまざまな示唆があり、人はより大きなものの一部であること、すべてのものに居場所があることを知るのです。そこで育った子どもたちは、自分を認め、自分が何者であるかを見つけ、自らの魂と強く結ばれて、自分が自分であるということに満たされていくのを、私たちは知っています。

季節とその移り変わりは、人間のリズムと気分に反映されます。教育に、自然をできる限り豊かに取り入れるということは、自然の本質、その根底にあるものと向き合うということです。自然の中でおきていることは、おそらく私たちの情緒と共鳴しています。私たちが冬に備えて薪を準備し、暖かな部屋でキャンドルを灯し、季節の歌を歌い、楽しく過ごすのは自然なことなのです。私たちは季節ごとの雰囲気を取り入れた活動を実践し、子どもたちがそこで自分自身を見つける手助けをします。春には、淡い緑の若葉と花や鳥を讃える幸せな歌を歌い、長く暗い冬の後に訪れた、光の到来といのちの復活を祝います。森のようちえんでの一つひとつの体験が、子どもたちの中に美しく有意義に融合するよう、私たちは自然の要素について語り聞かせます。暑い、寒い、乾いている、濡れている、明るい、暗い。すべての要素から、子どもたちは自然の気配を感じ取っています。旬の野菜を食べ、季節の歌を歌い、おとぎ話をします。こうして季節を感じる情操が育まれます。この時期は特に、季節が進むのを身近に感じられ、その魔法のような変化を体験することができます。私たちは、歌や手遊び、おとぎ話の内容も季節に合わせて選びます。それは冬に夏の果物を食べないのと同じで、季節を感じ、季節に合わせて生活することが、自然な習慣として完全に身につくようにするためです。

それぞれの季節には異なる本質があり、それゆえに私たちは、それぞれ異なる機会にめぐりあうことになります。夏、裸足で駆け回り、足の指の間に濡れた芝を感じます、花を摘み、生い茂った藪に隠れ、秘密基地をつくります。秋、ブラックベリーの収穫を味わい、落ち葉の山に飛び込み、松ぼっくりを集めます。冬、そり遊びをし、雪のかけらが鼻に落ちるのを感じ、凍った地面や湖の氷を踏む感触と音を楽しむのです。そして、自然はこの暗くて不毛な冬の底からだって何かを作り出すことができる、ということを、私たちがほとんど忘れてしまいそうになったころ、魔法が始まるのです。小さく可憐な、黄色のエランティスやスノードロップの花があちこちに姿を現し、輝く季節の到来を告げます。この劇的な変化に立ち会うことができるのは、子どもたちにとってすばらしい贈りものです。限りなく広がる天井、空間、空気。自然の中にいると、子どもたちはより大きな何かの一部であることを、瞬時に悟ります。

子どもたちは感覚を通して季節を体験し、今を生きています。子どもは、大人がよくするような、季節に不平を言うことをしません。子どもはその日、あるいはその季節について、夏は水浴び、冬は雪遊び、といった固定概念を持っていません。そういうことができる日であれば、それがただうれしく、それを楽しみます。子どもはただひたすら「今」を生きているので、それで満たされているのです。

私たちはそれぞれに、気分を支配する心のひだを持っています。朝、目が覚めるやいなや飛び起きて、一日を幸せに満足して過ごせる日もあれば、なんとなく気乗りがせずグズグズしたくなる日もあります。気分がはつらつとした日にはちょっと羽目を外し、人と会いたくない日には自分の殻に閉じこもればよいのです。自然はどんなときにも、その豊かで変化に富んだふところに私たちを抱きとめ、子どもたちの内なる営みを支えてくれます。

― 四季の祝祭 ―

私たちが四季折々の祝祭を特に大切にするのは、それが自然の中で起きるさまざまなことに基づいているからです。五月祭では、色とりどりのリボンを手にメイポールの周りを踊って、すべての色と光で夏の到来を歓迎します。ランタン祭りでは、闇に向かう季節を迎えるため、内なる光と力を見つけます。自然の世界で何が起こっているかを意識することで、私たちはその一部になることができるのです。

皆さんのおかれたそれぞれの場所で、季節にちなんだ独自の伝統を守ることをお勧めします。季節の祝祭は自然を讃えるお祭りですから、世界のどこであれ、住んでいる地域の伝統、環境、そこでの季節感に基づいていなければなりません。私たちは毎月のようになにがしかの四季の祝祭を行っています。毎年繰り返すことですから、前の年と同じことをやれば簡単なのですが、経験上、同じことのコピーには生き生きとした活力を感じません。単純な繰り返しによって、そのたびに何かが失われ、一体感と魔法が色あせていくようです。私たちは、お祭りや行事に新たな気持ちで関わることで、その瞬間と深く向き合うことができるのです。祭りの一つひとつの行事と、その準備、そして最後の発表に至るまでの日々を新たな気持ちで迎え、そこに引き継がれた伝統の意味を考え、今年はそれをどのように作り上げたいのか、それが子どもたちにどのような意味を持つのか、一つひとつのことに向き合い、話し合うことが必要です。それがなければ、祭りは命を持たない形だけの虚ろな慣習となってしまうでしょう。もちろん、毎回すべてを作りなおすわけではありません。時々、何か新しいことをつけ加えるとよい、と知っていることが大切なのです。こうして、伝統に根付いた上で新しいことを創造できるのです。全く同じ作品をいつまでも作り続ける芸術家はいません。同じように、私たちは常に新しいことを考え、子どもと共に行動する新しい機会を創造し続けなくてはなりません。シュタイナーが教育学を「教育の芸術」と呼ぶのは、こういうところから来ているのかもしれません。

― 退屈するということ ―

人はだれでも退屈するときがあります。しかし退屈は健康的で自然なことです。退屈こそ創造性を育てる土壌だ、と言う人もいます。退屈は、今まさに発達しつつあることのしるしであり、吸う息と吐く息の狭間で、ふと自分を感じる場所であるともいえます。中には退屈している状態が苦手な子どももいます。そういう子どもには、手仕事や創造的な活動、森の探険などでそれを乗り越えさせるとよいでしょう。ただ、常に大人に遊んでもらうことに慣れてしまった子ども、スマートホンや電子端末、テレビなどに子守をされていた子どもは、本来持っている自由な空想力が、すっかり受動的になってしまっていて、遊びへと結びつかなくなってしまっている場合があります。そういう子どもは、退屈な時を過ごすことは容易ではないかもしれません。

子どもが退屈だと言っても、特に心配する必要はありません。むしろ、その子どもが何か新しいことを見つける兆しだと見るべきでしょう。「退屈するのは良いことだよ。きっとすぐに何か見つかるから」と教えてあげましょう。もし時間がかかりすぎているようなら、感覚を使ってインスピレーションを刺激するとよいかもしれません。例えば仰向けに寝転んで雲を見上げます。毛布の上で尋ねてみましょう。目を閉じて耳をすますと何が聞こえる？　その音を真似できる？　音はどっちから聞こえた？　そうやって感覚が刺激されると、空想力が呼び起こされ、新しい遊びを思いつくのももうすぐです。

子どもたちは森でいろいろなものを見つけて集めるのが大好きです。実際、誰もそれを止めることはできません。もし子どもたちが集まって座れるなら、集めてきたさまざまなものを手かごに入れて、お互いに触ってみたり、それが何だか当てっこをしたりできます。少人数のグループで森の散策に出かけ、それぞれ手かごに宝ものを集めてきて、何を見つけたか見せ合うのです。私たちは野外で活動している間、子どもたちが想像力を存分に働かせ、遊びを考え出す手助けとなるよう、ナイフ、裁縫道具、クレヨン、紐、サンドペーパーなどをベビーカーに載せ、常に持って行くようにしています。

♣

一人の子が座って、木に寄りかかって休んでいます。
先生が尋ねます「疲れたの？」
子どもは答えます「ううん、タイクツをしているの。
タイクツした後は、とっても楽しく遊べるからね」

♣

リズムの重要性

「このように、自然界で夏と冬の交替によってなされていることは、人間に対しても外と内のいのちのリズムとして起こっているのだ。人間が、自らを自然のリズムに同調させ、たゆまぬ観察と思慮を続けるならば、やがてその存在の偉大な秘密が明らかになる。こうして一年は人間の魂の活動の原型となり、また真の自己認識の豊かな源となるのだ」　　　　　　　　　　（シュタイナー GA 40 [70]）

森のようちえんでは、自然と野外生活を日常生活と活動の主な枠組みとしていますから、季節とその変化がすべて、自然に幼稚園全体のリズムをつくります。自然が新しい命と光で満たされる春と夏は、息を長く吐く季節、感覚的印象が満たされる時です。この季節、私たちは外交的になり積極的にさまざまなことに取り組みますが、冬は自らを見つめ直し、思考する季節です。息を深く吸い、命の営みをしばし眠りにつかせます。同じように一日にもリズムがあります。朝と昼に吐きだし、夕方と夜は吸います。

長い冬の後、自然の中で私たちは、春の到来をずっと待ち続けていました。そして最初の芽が地面から顔を出しているのを見つけると、それを飽かず眺め、花のつぼみが膨らんでゆくのを見るたびに心が躍り、私たちは今ここに存在しているという一体感で心が満たされます。もし自然に必要な変化が現れず、春がずっとやってこなかったら、私たちは長く息を吸い続けたように感じるでしょう。それは子どもたちの日常生活のリズムにもいえます。活動ばかりを長く続けていると、偏った呼吸をしているように感じます。教育において、お遊戯や集まりなど、大人がリードする活動は、子どもの感覚と刺激を満たします。それは子どもにとって息を吸うことと同じです。自由遊びで存分に吐き出すことで、そこで受けた印象を自分の中に定着させるのです。吸う・吐くのバランスが適切でないとき、それは子どもたちの欲求不満という形ですぐに現れ、私たちにはっきりと見てとれます。大人がリードする活動が長すぎるとそうなります。逆に自由遊びが長すぎても同じです。息を吸うばかりでは元気に生きていくことはできません。吐くことには無視できない重要な力があるのです。リラックスしたとき人は深く息を吐くことができ、そうして吸った印象を消化して定着するのです。ですから子どもにとっては、自由遊びがとても重要なのです。私たち大人には体内時計が備わっており、一定の感覚で空腹や疲れを知らせてくれます。それは私たちがリズムによって生きているという明確なしるしです。シュタイナー教育では、子どもの呼吸のリズムを、心と感情の状態を表すものと考えて注意深く観察します。呼吸と脈拍は、感情と心の状態に影響を受けます。不安は呼吸を浅く短くし、怒りは脈拍を増加させ、身体が赤くなります。私たちは常に子どもの呼吸を意識しています。それは子どもの幸せと満足の表現であり、日々の生活と活動に、調和のとれたリズムを創りだせているかどうか、私たちの働きがそこにあらわれるからです。

70 Rudolf Steiner GA 40 "Des Seelenkalenders"
『魂のこよみ』1912/13 版序文

― 週のリズム、一日のリズム ―

こども島ボンサイの週単位のリズム、一日のリズムは、子どもがそこで心地よく発達していくことができるよう、固定された、分かりやすい時間割で作られています。子どもは、決められた繰り返しが乱されるのをとても嫌います。次が予測できる、ということがとても重要なのです。子どもは、何が起こるかわからない未来というものに、それほど喜びを感じません。いつもどおりのリズムが、子どもたちの心に安らぎをもたらすのです。子どもたちの中にリズムが息づいていると、子どもたちは落ち着いて、何ごとにも安心と信頼をもって集中することができます。それが、感覚による印象と学びを受け取るための、最適な状態を生むのです。私たちは常に子どもの視点を忘れてはなりません。一つひとつのことが、子どもにどのように作用するのか自問する必要があります。そのリズムは子どもたち自身のものとなっているか？ 調和が取れているか？ 変化がありすぎて混乱が生じていないか？ 子どもたちが迷いなくそこに身を任せることができるような、明確で、意味のある流れのリズムが必要なのです。それは調和の取れた呼吸を生み出し、神経系を安らぎへと導きます。

ボンサイでは、特定の活動が毎週同じ曜日に行われるように、週の時間割を決めています。火曜日はお出かけ、水曜日はお絵かき、木曜日はパン作り、金曜日はたき火の日、といった具合です。曜日によってやることが決まっていると、子どもたちが不安になりませんし、毎日、何もかも一から用意する必要がないので、スタッフも手際よく準備ができ、その分、他のことに集中できます。私たちの施設では、複数のクラスが、森の中のいくつかの活動場所を、曜日によって交替で使うようにしています。つまり「森のベリー組」は月曜日を「盆の谷」、水曜日は「洞の樹」、木曜日は「インディアン広場」、金曜日は「園庭」、というように。その日の活動拠点となる場所はクラスごとに曜日で決まっているので、そこにいけば今日が何曜日で、何をする日なのか自然に分かります。よく知っている場所に立ち返る、というのは子どもにとって大切なことです。

― 遠足 ―

週のうち一日を遠足の日に充てています。周辺地域へ日帰りで遠足に出かけます。私たちは海岸、公園、森などさまざまな場所に恵まれています。朝9時に出発し、その場所に着いたら朝の歌を歌います。そして子どもたちは、思う存分その場所を探険します。そのうちに、その場所の静けさと同じくらいのひそやかさで、穏やかにゲームが始められます。お昼には「お食事かあさん[71]」が準備してくれた、手作りのお弁当を食べます。それはライ麦パンと、パンに載せるさまざまな野菜のお総菜です。食事の後は散策に出かけ、その途中で遊ぶための時間をとって、魚を釣ったり、物を集めたり、秘密基地を作ったり、時には焚火をしたりします。 園に戻るのは14時20分です。

71 Madmor：mad（食事）と mor（母）の合成語。幼稚園に勤務する
食事担当のスタッフのこと。

森であれ街であれ、近隣の良い場所の地図を作成すること
をお勧めします。どこに行けば良い経験をすることができる
のか？ 例えば小川、斜面、木登りできる木、海岸、港、秘
密基地にできそうな洞、火が焚ける場所、美術館、公園、
リサイクルセンター、農家、養蜂家、果樹園などです。 事
前の予約が必要だったり、守らなければならない決まりがあ
るときはそれも書き込んでおきましょう。

― 移行の時 ―

私たちは子どもと一緒にいるとき、子どもが大人に協力する
雰囲気を作らなくてはなりません。大人は、子どもがただ言
うとおりに従ってくれるように望むことが、往々にしてあります。
例えば、子どもが本当に面白い遊びを考えついて、始めよう
としたまさにそのタイミングで、朝の会を始めるために子ども
を呼び集めなければならない時などです。子どもが集団で活
動する毎日のなかで、ある活動から別の活動へ移る時には、
どうしても進行中の遊びや活動が中断されます。それは、子
どもにとっては妨害でしかないことを、大人は理解していなく
てはなりません。それぞれの活動を、メリハリのあるリズム
をもって行うことで、より自然な移行が可能ですが、それで
もよく考えられた、良い移行の時間が必要なことに変わりは
ありません。教育者は、今この瞬間と移行を生き生きとさせる、
例えば短い語り聞かせ、歌、子どもが思わず夢中になる手
遊びなど、芸術的で美しい気分転換の魔法を持っていなけ
ればなりません。それらはすべて、子どもが大人の意図を理
解するきっかけになって、子どもの側から大人に寄り添い、
協力するための基礎をつくります。そのためには大人の中に、
勇気、存在感、行動力、熱意、喜びがなくてはなりません。
それは大変なことですが、一旦うまくいくと、子どもたちの中
に協力的な流れが生まれ、その後の教育活動で必ず報われ
ることでしょう。

― 子どもの発達と学びにおけるリズムの重要性 ―

リズムは子どもの学びに大きく影響する。第一にリズムは、学び・休憩・活動の内容に変化と節目をもたらす。また子どもにとってそこが身近で安心できる場であるという、発達と学びに不可欠な枠組みを提供することにも関係している。保育施設の生活と学びの環境は、3つの場に分けることができる。

教育的活動：教育者がリードして行われる、創造的、身体的活動
教育的日課：子どもたちの原始的な要求を満たすための日課
遊びと子ども文化：子どもたち自身によって創造された遊びと文化

これらの学びの場は、子どもの健全な発達にとってどれも不可欠である。 特に日課は、意識しなければ簡単に見過ごしてしまうが、重要な教育的役割を持っている。食事・睡眠・服装を、ただ生理的な要求を満たせばよいと考えたり、そのような態度で臨むのではなく、むしろ重要な教育活動の基礎としてこれらの日課を考えれば、なすべきことは明確である。それは、一人ひとりが求めているものに合わせ、それぞれ異なるやりかたで提供することである。その時子どもは、自分自身が主体的にかかわっているという体験をする。日課は、日々重い教育的内省を求める。それがなければ、それは大人にとってのただの習慣、最悪の場合、悪い習慣と化してしまうだろう。やがて子どもたちが文化的能力を身に着け、未来の創造活動の共同の担い手となるかどうかは、大人の態度と行動にかかっている。[72]

― 野外と屋内のバランス ―

私たちは自然を全体の枠組みとした「森のようちえん」ですが、屋内にいることにも価値があると考えています。ですから食事を屋内ですることもありますし、準備された活動や自由遊びを屋内ですることもあります。それぞれのクラスにはそれぞれの部屋があり、そのなかにいると、安心できる場所に帰ってきた、と感じることができます。

私たちの活動で、野外と屋内のバランスには、大きく分けて夏のリズムと冬のリズムがあります。春、夏、秋は、ほとんどの時間を屋外で過ごし、屋内に入るのは一週間のあいだにわずか数回に過ぎません。けれども冬の間は、一日のうちに屋外にいる時間と屋内に入る時間が組まれていて、一日単位のリズムをきざみます。一日中屋外にいられるはずの夏の期間にも、時々屋内にいる時間を持つようにしている理由は、屋内に滞在する能力を維持する必要があるからです。屋外でだけ活動していれば、出入りのたびに着替えなくてもすみますし、屋内の掃除や騒々しさ、屋内での振る舞いについての躾からも開放されるでしょう。しかし、子どもが異なった環境に合わせて適応できるようにするのは大切な学びです。夏のリズムから冬のリズムへと移行するのは、大人たちにとって大変な課題です。異なるリズムへとスムーズに移行し、それが有意義にはたらくためには、十分な計画と配慮、そして教師たちの関わりかたが重要になります。屋内では、森にいるときのような自由な振る舞いを認めるのは無理があり、ある程度の制限が必要になります。子どもたちの間で争いが起こると、その声は大きく響き、たちまち他へ影響します。乱暴にならないように跳ねたり走り回ったりすることにも限界があります。私たちの施設の部屋はどれもそれほど広くありません。ですから、すべての事を慎重に調整する必要があります。子どもたちがふれあい、遊びに夢中になれる空間と居場所を確保するには、子どもたちの中に平穏があることが不可欠です。特に屋外から屋内に入るとき、出るときには、クラスを複数のグループに分け、時間をずらして出入りするようにしています。そうすることで、着替えの場所にも余裕ができて、混乱を避けることができますし、大人も余裕をもって子どもたちに向き合うことができます。私たちはクラス全員が、一緒に食事をし、一緒に外で遊べるようにしたいのです。出入りがうまくいくように考えるのは、ほとんど芸術的とも言える技ですが、混乱なくそれができたときは、子ども一人ひとりの雰囲気は全く違ったものになり、得られるものも大きいのです。

このようなリズムの変化をわざわざ実践するのは、私たちが園舎を持ち、屋内で活動することも可能だからです。けれども、常に野外にいても、このようなリズムをつくることだってもちろん可能です。例えばテントの中や帆布の屋根の下など、子どもたちが他よりも「守られている」と感じられる場所を使って、「屋内」にいる感覚を作り出すことができます。一日中外で過ごす幼稚園では、暖まる方法、焚火、雨や風を避けるための場所あるいはそれに代わる手段を、野外環境においては考えておくことが必要です。

一日のリズムの例 - 森のようちえんの一日

6:25 幼稚園が開きます。最初の子どもは通常7時30分頃に到着します。子どもたちは、その日を園庭から始めます。自由遊び、お絵かき、砂遊び、あるいはお気に入りの木に座って園庭を眺めたりしながら、思いおもいに一日を静かに始めます。

8:50 市内の子どもたちを乗せたバスが到着します。その後、子どもと大人全員がそれぞれのグループに分かれます。

9:00 全員で集まって、朝の歌を歌います。輪になって一人ひとりが顔を合わせ、共同体のつながりへと戻る、とても大切な瞬間です。一人ひとりが、朝の歌の中で名前を呼ばれます。誰もがここに居場所を持ち、この共同体に歓迎されていると感じます。

9:30 - 11:00 その日の滞在場所に移動します。その日の滞在場所は、曜日によって変わります。大人たちは午前中のおやつの準備をし、その後に自由遊びがあります。次にやってくる四季の祝祭に合わせ、一人の大人が、お祭りに関連する活動を導きます。別の大人が午後のおやつの準備を始め、たいてい何人かの子どもが、お手伝いをしたいと言い出し、それに参加します。その日の天気が、野外活動に適していない日もたまにあります。そういうときは一旦園舎に入り、昼食後に再び外に出ます。冬場は通常10時00分 - 14時30分まで屋内で過ごします。

11:30 昼食

13:00 大人が童話を語ります。小さな人形を使って、その季節に合ったお話をすることが多いです。

13:20 - 14:00 自由遊び

14:00 軽い午後のおやつがあり、輪になってお別れの歌を歌うことで一日を締めくくります。

14:40 市内に戻るバスが出発します。

14:40 - 16:00 シャルロッテンルンドの園では、バスの送迎を利用しない子どもは、14時40分 - 16時00分の間に保護者がお迎えに来ます。お迎えまでの時間、待っている子どもたちはクラスに関係なく一緒に園庭に集まり、新しい遊びをみつけ、また座ってお絵かきなどしながら、ゆったりと過ごします。

16:00 幼稚園が閉まります。素敵な一日をありがとう!

すべての感覚を毎日使う

「子どもは完全に感覚的である。感覚器が周囲を知覚するのと同じ鮮烈さで、子どもはまわりの、すべての人々からの印象を吸収している。大人は、味覚を感じるのは口蓋や舌だと言うだろう。しかし子どもは、組織のもっとずっと深いところで味わっているのだ。味覚の刺激が全身に行きわたり、それを体験しているからだ。他の感覚も同じで、光の作用は子どもの呼吸と循環に密接に結びついている。それは大人にとっての視覚とは全く異なる、全身の体験であり、子どもの意志の衝動が、即座に反射として発現する。環境のあらゆる刺激に対して、子どもの全身は反射的に応答する」

(シュタイナー GA 308 1924)[73]

子どもは感覚そのものの存在であり、人生最初の数年間、主に感覚を通して世界を体験する、と私たちはとらえています。シュタイナーは、感覚が私たち人間にどのように作用するかを説明しています。感覚は私たちが世界に出会う手段であり、幼い子どもは、一個の感覚器官と見なすことができます。つまり子どもは世界を、ほとんどフィルターをかけずに見ているのです。

子どもは、受容のために備えられた感覚を使ってすべてを学び、吸収します。従って、子どもの存在する環境と、そのまわりのすべてのものは、子どもの発達の芽をその内に秘めています。シュタイナー教育では、最初の7年間は体を養わなくてはならないとされています。子どもは外に出て動き、指の間からこぼれ落ちる泥の感触を —— 手の指だけでなく足の指でも—— 感じ、解説や知識よりも先に、まず世界を感じなければなりません。私たちは、

― 感覚に関するシュタイナーの理論 ―

シュタイナーは、人間には十二の感覚があって、私たちの意志や感情、思考に影響を与えると述べています。それは3つの感覚領域に分けられます。下位にあるのが、意志の感覚と呼ばれる領域、中位に感情の感覚、上位に思考の感覚があります。[74] 下位、中位、上位という呼び方は、その感覚が存在する身体の肉体上の位置とは関係ありません。それはシュタイナーが定義した人間の三分節「思考・感情・意志」に対応します。

> 「意志の感覚（下位）」は自分自身の身体活動を知覚する感覚で、触覚、生命感覚、運動感覚、平衡感覚の4つ。「感情の感覚（中位）は周囲の環境を知覚する感覚で、嗅覚、味覚、視覚、熱感覚の4つ。「思考の感覚（上位）は社会的、精神的な感覚で、聴覚、言語感覚、思考感覚、自我感覚の4つである。　　　　　　　　　　　　　　　　　　　　　　　　　　（ズスマン　2011）

就学前の年齢の子どもで最も強く働くのが、基礎となる「意志の感覚」（触覚、生命感覚、運動感覚、平衡感覚）です。子どもが学校に上がる時期に合わせて成熟するために、まず刺激する必要があるのは、知性ではなく身体である理由がここにあります。この4つの下位感覚は子どもがこの世界でどのように立つのかを身体的に伝え、自分が外の世界の一部であることを認識させます。生命感覚は、身体がどんな状態にあるかを伝え、よく眠れていないなどの不調を知覚します。寒さ、空腹、渇き、睡眠不足、病気など、健康を保つための生理的な要求が満たされていない時に、それを知覚するのが生命感覚です。空間を移動するときに用いられるのが運動感覚と平衡感覚です。自分の足で立っている状態を知り、目と耳からの感覚を用いて身体を制御し、空間を移動できるようにするのです。触覚は、痛み、圧迫感、接触など皮膚に作用する感覚すべてを通して身体に働きかけます。これらのことから私たちは、この時期の年齢の子どもに必要な感覚的刺激を満たすことができるよう、意識的に働きかけています。

- 空腹、睡眠、渇きなどの生理的要求を満たすため、明確に意識できるリズムをつくり、生命感覚によい刺激となるようにする。

- 十分な広さのある、多様性のある空間を屋内外に確保し、微細運動能力、粗大運動能力の発達を助ける運動感覚の刺激が得られるようにする。

- バランスをとる、よじ登る、逆さにぶら下がるなど、さまざまな種類の動きを通して、平衡感覚を発達させる。

- 大人からの意識的なタッチ、マッサージ、指あそび、本物の自然素材の物やおもちゃに触れさせることで触覚を刺激し、発達させる。

74　Soesman, 2011 邦訳『人智学講座　魂の扉・十二感覚』
アルバート・ズスマン（著）／石井 秀治（訳）イザラ書房

全身を使った表現ができることが、後に知識を身につけるための前提であると考えています。「意味を掴みたければ、まず手で掴め」という古いことわざの通りです。基本的な身体能力の習得は、その後の子どもの学習を支える、絶対的な基礎なのです。

自然は、感覚を通して世界を掴むチャンスの宝庫です。子どもたちと一緒に私たちも自然を観察していることが、子どもたちの好奇心を刺激し、その意欲を支えています。子どもは生きているもの、動くものに惹かれます。子どもたちと森に行くとき、わざわざ自然の中に場所をつくらなければならないことは、めったにありません。ただ行くだけでよいのです。私たちが考えなくてはならないのは、その場所に十分な感覚的多様性と可能性があるか、という事です。泥がいっぱいある森に入るのは楽しいですが、行けども行けども泥ばかりでは単調です。私たちの園には素敵な庭がありますが、それだけで子どもが必要な冒険と経験ができるわけではありません。子どもたちがワクワクしながら探険し、遊びに夢中になれるような場所や道具を、時間をかけて十分に準備しておかなくてはなりません。そうしないとすぐに子どもたちは落ち着きをなくし、あちこちでいざこざが始まるかもしれません。

森のようちえんでは、野外を大切に考えるだけでなく、屋内のしつらえにもとても気をつかっています。一つひとつのものがどのように見えているのか、どのように光が当たり、どんな音が聞こえ、それらはどんな感触で、どんな匂いがするのか。私たちの気分は環境に大きく左右されます。季節のテーブルをリビングルームにしつらえ、花瓶に生けた小さなお花、秋には色づいた葉っぱや木の実を飾って季節の気分を映します。おもちゃは自然素材で、籠に入れた松ぼっくり、石ころ、木片、貝殻などが、お部屋遊びを自然で豊かなものにします。野外と屋内のしつらえを同期させるのは、自然との一体感をつくるためです。子どもたちが自由に遊ぶことができて、夢中になれるような環境を屋内に整えるのには、野外での活動を準備するのと同じくらい気をつかいます。屋内であっても、子どもが自由に動き回れる広さが必要なのは言うまでもありません。大変残念なことに、私がこれまで見た園の中には、園舎の中ばかりか外にまで、さまざまな物でいっぱいになってしまっていたところがありました。物が多いと乱雑になり、それが子どもたちの感覚を過剰に刺激することになります。子どもが物に邪魔されずに、自分たちで遊びをどんどん展開していけることが重要です。その結果として、ある程度散らかるのは自然なことです。後で子どもも一緒にお片付けをすればよいのです。

― 本物の感覚体験が子どもの脳を発達させる ―

就学前の子どもで刺激されなければならないのは、何よりもまず「意志の感覚」であり、そのために身体表現のできる適切な環境が必要です。下位感覚（意志の感覚）を通して身体が作られるからです。さまざまな身体

---

75 "Man skal gribe, før man kan begribe"「gribe」（握る）と「begribe」（把握する）をかけたデンマークのことわざ

表現によって脳に信号が送られるので、身体の発達と並行して脳が発達します。脳はとても柔軟なので、私たちが受け取った感覚刺激は、それがどのように処理されたかも含めてすべて脳に刻み込まれ、脳を形づくっていきます。したがってこの年代の子どもには、走ったり、よじ登ったり、転げ回ったり、逆立ちしたり、でんぐり返しをしたり、バランスをとったりして、身体を動かすチャンスがなくてはなりません。子どもの周りにあまりに物が多すぎたり、映像ばかりが与えられていると、視覚ばかりが直接刺激され、子どもにとって過剰な刺激になってしまいます。テレビやスマートホン、タブレットなど、二次元の映像でばかり遊んでいると、子どもの脳には二次元の体験しか記録されません。その結果、多くの大切な感覚が置き去りにされます。

ルドルフ・シュタイナーは、感覚的印象と脳の発達の間に明らかな相関関係があると言っています。

> 「子どもが適切な光と色に囲まれていれば、健全な視覚が発達する。道徳的な行動を見ることで、脳と血液循環の中に、健全な道徳感覚の物理的基盤が作られる。適切な作業をしていると、手の筋肉がしっかりと強くなるのと同じで、脳や他の器官も、周囲から正しい印象を受け取ることで、正しい発達へと導かれる……視覚的にわかりやすい例で説明しよう。テーブルナプキンを折りたたんで人形をつくることができる。四隅を手足に見立て、頭の部分にお団子を作り、ペンで点をいくつか描いて目鼻や口にすれば完成だ。もちろんおもちゃ屋に行けば、かわいい顔が描かれた、美しい髪の "お人形さん" があるだろう。しかし、ナプキンの人形で遊ぶ子どもは、そこに自分の想像力を加えて、人間らしさを吹き込まねばならない。想像力をこのように用いることが、脳を発達させる。適切な作業が筋肉の可能性を広げるように、想像力が脳の可能性を広げるのだ。市販のかわいい顔の人形を子どもに与えても、子どもの脳はもうすることがない」

（シュタイナー GA 34 1907[76]）

子どもたちには、すべての感覚が磨かれる三次元の世界が必要です。動き回ることで平衡感覚と運動能力が鍛えられ、遊びの中で本物の素材の感触を知る体験が重要なのです。本物の自然素材、単純な素材が、すばらしい感覚体験をもたらし、子どもの学びを刺激します。世の中の玩具の多くは電話機、お店のレジ、台所用品、工具など身の回りの物を模して、プラスチックで作られています。安価で耐久性があり、成形が容易で、鮮やかな色に着色できるなど、いくつかの実用的な利点はありますが、プラスチックには本物の素材のような、感覚の多様性がありません。 石、樹皮、木、金属、ガラス、木の実、葉、ナッツ、松ぼっくり、ウール、シルクなど天然の素材は、触感、香り、音色においてすべてが異なります。この感覚的体験が子どもたちに、素材の質と多様性について、本物の感覚を提供します。私たちは、すべての感覚が用いられ、刺激されることで、全人格が育まれると信じています。

76 Rudolf Steiner "The Education of the Child" GA 34 1907

私たちが森におもちゃを持ち込むことはめったにありませんが、園庭にある大きな砂場には、鍋、瓶、スコップ、ホーロー、金属製または木製のお皿があります。その多くは、フリーマーケットなどで購入した中古の本物です。遊びの道具が、例えば、ステンレスやホーロー鍋のような、しっかりした本物の素材の場合、子どもたちは本物の感覚を得ます。重量のある金属製の鍋は、遊んでいる間に子どもたちの腕力と平衡感覚を鍛えます。真の素材で遊ぶことで、遊びもまた、現実の世界にある物との出会いの機会になります。それは感覚を刺激し、さまざまな種類の物質や素材を認識する能力を発達させます。

― ナイフを使って木を削る ―

幼稚園児にナイフで木を削ることを教えるのは、鋭い刃物の取り扱いを、ステップを踏んで習得させるという、とても時間のかかる過程です。まず3歳のときに、果物ナイフで練習を始めます。ここでは刃物の持ち方、切るときの動き、自分の身体から離れる方向へ刃を動かす事など、重要なルールと技術を学びます。それができるようになったら、子ども用の小刀で実際に切ってみます。必ず大人がそばにいることと、私たちが決めたルールに従うことを徹底させます。ルールが守られていれば、刃物を使うことは危ないことではありません。むしろ教育的にとても大きなメリットがあります。子どもたちが鋭い小刀のような、本物の道具を使うことを許された、ということは、その子どもが信頼に値する、と証明されたことを意味します。そして子どもたちは畏れと敬意の念をもってその作業に向きあうのです。

私たちは子どもと一緒に、ナイフを扱うことに多くの時間を費やし、大人がよい模範となるよう努力しています。活動の間、平穏と集中が保てるように配慮し、必要に応じて手助けができるように気を配ります。切るときには他の子どもとの距離を空けることを教え、経験の浅い子どもは大人の隣でやりかたを習います。輪になって座ることが多いですが、子どものそばを通ると、取り組む姿勢や子どもたちの真剣さ、忍耐強さ、意志の強さをじかに感じます。

木材で何かを作り出すのには、何段階かの過程があります。まず技術を学ぶ段階。そして自然と一体になり、実際に木片や枝を変形させて別の何かに変えるという工程があります。最後に紙やすりで磨いて仕上げます。しっかり手をかけたものは、もとの材料からは想像もできないような繊細で柔らかく、また精巧な作品ができることを、子どもたちは経験します。聖霊降臨祭の鳥、聖ミカエル祭の剣、笛、紐に下げるビーズ、小さな人形の家族、ネズミ、他の動物、空想から生まれたあらゆるものが実現できます。ナイフで木を削り出すことで子どもたちはさまざまな技術を磨き、運動能力を上達させるのと同時に、注意力、集中力、感覚と運動の調和が鍛えられます。木には硬いものもあれば、柔らかく簡単に削れるものもあります。削ると匂いがするものがあり、

色や構造、性質もさまざまです。これらの感覚と経験を通して、子どもは素材としての木を発見します。刃を入れることで素材をもっと深く知り、自分の関与によって素材がどのように変化するかを、一つひとつ確認しながら作業を進めます。それは社会的交流の始まりとも言えます。子どもの自己肯定感は、社会的交流に参加することで高められ、一つの作業に没頭することで強められます。素早くコツをつかむことができる子どももいますし、より長い時間練習する必要がある子もいます。子どもたちは学校へ上がる直前、卒園準備クラスに入ると、自分専用の小刀が配られます。幼稚園の最後の日、子どもたちは誇りと敬虔な気持ちを胸に、その小刀を家に持ち帰ります。それは、自分がついに、自宅でも続けることができる手仕事の技を身につけた、という証しなのです。

― デジタルメディアとスクリーンタイム ―

近年、コンピュータ、タブレット、スマートフォンなどのデジタルメディアが、私たちの生活に、そして子どもたちの生活にも深く入りこんできました。中には保育園や幼稚園でさえ、タブレット端末を教材として利用しているところがあります。子どもたちの将来はこの小さな機器の中にあり、保育園に通う年齢のうちからそれを使いこなせるよう学ばなければ、世の中について行けなくなるとまで言われています。私たちは、子どもが幼いときからディスプレーに釘付けにされるのは、決して良いことではないと考えています。自然の中で遊び、動き回り、世界を感じ、その不思議に触れなければならない貴重な時間を奪ってしまうからです。これまで述べてきたように、本物の感覚体験が脳を発達させるのです。ブラックベリーを口に含んだときの味、樹皮に触れた感触、野ねずみの動き、その他すべての、私たちが不思議を感じ、感動して触れあったさまざまなもの ―― 自分自身の体で感じたこれらの体験によって、私たちは世界を知ることができたのです。こども島ボンサイでは、敢然とした意志をもって、ここをデジタルメディアから解放された場所にしようと決めました。私たちは、子どもたちから意識をそらし、人と人とのふれあいを壊す携帯電話や SNS を使用しません。タブレットなどのデジタルメディアもテレビもありません。私たち大人は、子どもたちのことで常に心を満たしていたいと願っています。子どもたちにもそのような良い見本である必要があります。ですから私たちがまず率先して、デジタルメディアから距離をおいた生活を実践しなくてはならないのです。

7歳未満の子どもが、大人がしているようにデジタルメディアに触れることを許されているというのは憂慮すべき風潮です。デジタルメディアにさらされた幼児が、何に対しても受け身になったり、多動になる傾向があることに私たちは気づいています。それは子どもに必要な生理的要求が満たされていないか、刺激があまりに過剰なときにあらわれる現象です。子どもたちはこの時期に、運動能力を発達させる必要があります。それが脳の発達を促し、後に学びの機会に接したときにとても重要な働きをします。動きながら遊ぶと、脳内に多くのシナプ

― 手仕事の重要性 ―

自然の中での遊びは美しい経験です。美的刺激は、感覚と空想力をより高みに上げると考えられています。美学は、木片を加工するときなど、人間が物質に形を与える時の能力として理解されます。枝は、自然が表現した形をすでに持っています。それに刃を入れ、自分の美的感覚にもとづいて異なる形状を与えるのです。物質に形を与える過程には、多くの発達の可能性、身体運動とそれを通じたこころの発達も含まれていることを、これまで述べてきました。空想力と独創性は、素材の可能性を追究するほどに広がっていきます。心理学者のカプラン夫妻は[77]、美学が日常生活からかけ離れたものになってしまうのは、ほとんどの人が生産をせず消費ばかりをしている現代の特徴だと言います。粘土をこね、木で建て、石で粉を挽く。手を使って物質の世界に関わることは、石器時代以来ずっと、本質を理解するための根源的な方法でした。美的経験は、異なる観点から物事を見ることを私たちに教え、私たちを、文化を通して自然を理解することへと駆り立てます。物事を考える道筋や連想が広がっていくのも、まさにこのようにしてなされるのです。自由遊び、「フロー状態[78]」、「意味を演じる空間[79]」はその本質において、美しさを楽しむことで、人を内なるいのちへと強く結びつける、という共通性があります。子どもが砂で遊んでいるとき、それはそういう美しさの体験をしているのかもしれません。大人が自然から癒やしを得るように、子どももそうやって充電をしているのです。

77 Rachel & Stephen Kaplan（Grahn et al. 2000）
78 p71　脚注57　参照
79 「betydningsspillerum（意味を演じる空間）」：スウェーデンの環境心理学者の
　　パトリック・グラン（Patrik Grahn）の理論。空間は多重の意味を持ち、人は感覚
　　を通して、その空間がもたらす事象を、さまざまに意味づけて解釈するとされる。

― 子どもと電子機器 ―

電子機器が子どもたちに与える悪影響について、この章でも触れていますが、
専門家の間でも以下のような点が指摘されています。

肉　体：ディスプレーの前に座る時間が長い子どもは、運動能力が低下し、
　　　　肥満、視力の低下、頸部の障害のリスクが増加する。

睡　眠：子どもは遊びによって体験を発散させることができるはずなのに、
　　　　ディスプレーの前に座っている時間が長いと運動不足となり、寝付き
　　　　が悪くなる。運動や身体的刺激が不十分であるために、疲れているは
　　　　ずなのに多動である。

依存性：子どもがディスプレーを利用する前後の変化を観察してみなさい。
　　　　喜びいっぱいで画面から離れ、心が安定していて、遊びつづけること
　　　　ができるか？ それとも、ディスプレーをオフにされたことに怒りや反抗
　　　　心を見せるのか？

空想力：空想力と独創性が失われ、画面がないと退屈するようになる。

社会性：人間は集団で行動する動物であり、他者と一緒にいる必要がある。
　　　　一人で座ってディスプレーを操作しているのは、子どもの生理からか
　　　　け離れている。

ス（神経細胞の結合）が形成されます。ですから子どもたちは、一面的なデジタルメディアを通してではなく、複合的な感覚体験をしなければなりません。秋を感じるには、スクリーンの映像からではなく、実際に森の中を歩いて風や葉っぱに触れなくてななりません。皆さんがライブコンサートに行った時のことを思い出してみてください。テレビで見るコンサートとはまるで違う、すべての感覚が沸き立つような経験に包まれたことを覚えているでしょう？

子どもの感情は見たものに強く影響されることを私たちは経験上知っています。ですから、もしそのような環境が生活の中にあるのならば、取り除かなくてはなりません。子どもはテレビやコンピュータゲームから印象を吸収してしまい、それが子どもの遊び、夢、感情に影響を与えます。幼稚園にいると、朝からテレビを見ていた子どもはすぐに分かります。登園した後もその影響が強く残り、見た映像やゲームの遊びをせずにはいられないのです。自然を感じ取り、その中にすっと入っていけるはずの能力を、子どもから奪っています。もっと自然なごっこ遊びができることに気づけず、強烈な印象に支配されたゲームの中に閉じ込められてしまうのです。それだけでなく、子どもたちの社会性を育む上でも障害になります。一部の子どもしか知らない世界があると、それが仲間はずれの構造を生んでしまうのです。幼い子どもには、映画、テレビ、コンピュータゲームは全く不適切なのに、それが子どもの生活に入りこんでいるのは不幸なことです。

もちろん、デジタルメディアにはいくつもの利点があるでしょう。しかし、幼い時からデジタルメディアにふれさせることが、長期的に人間の発達と、健康で幸せな人生にどのように影響するのか、現時点ではほとんど分かっていません。事実としていえるのは、デジタルメディアは世に出てまだ日が浅く、それを発明した人たちは、自分の子ども時代にはそれを使っていなかったということです。ですから、幼い時からデジタルメディアに親しませなくても、今の子どもがデジタル技術に追いつけなくなることを心配する必要はないでしょう。子どものデジタルメディア使用については、冷静に疑ってかかる、ということが必要なのです。幼い子どもにとっては、いつも自分を気にかけてくれ、生きいきとして頼れる大人が身近にいて、常に「あなたがいてくれてありがとう」という視線で、世話を焼いてくれるのを感じる。それは何ものにも代えがたい満足感です。それによって子どもは生きる力を得ます。それが、しっかりとした自己肯定感を持つ健全な大人、革新的で、ひとに寄り添い、また将来のために賢く正しい判断ができる大人をつくるのです。

森のようちえんの、模倣に値する大人

園舎や園庭、森の中で、誰かのために仕事をしている大人が、いつも子どもの周りにいるような環境に恵まれ
ていると、そういう大人の行動や仕事ぶりが、子どもの遊びに創造的な力を生み出し、意欲と創造性の発達に
プラスになることに私たちは気づきました。日常生活の中で物事を動かし、なすべき仕事をやりとげる大人の
熱意に、子どもが触発されるような環境を創ることはとても重要です。それによって子どもたちの中に、自分の
能力を活かして、自分自身から、また周りの世界から学ぶ基盤ができます。こうして子どもたちは成長し、自分
の身体と心を、すみずみまで自分自身のものとして知り、それを使いこなせるようになっていくのです。私たち
教育者と保護者は、世話をしたり何かを教えるだけではありません。子どもが成長し、自ら発達できる環境を
整えることに心を砕くのが私たちの努めなのです。子どもは、今まさに芽を出そうとしている小さな胚のようなも
のです。芽を出した種が健康で丈夫な植物になるためには、成長に適した条件をあらかじめ整えておく必要が
あります。庭師がそれぞれの植物に最適な土や肥料を熟知しているのと同じように、私たちも一人ひとりの子ど
もについて、どのような環境がその子に最高の発達をもたらすのかを知っていなくてはなりません。

子どもが自分たちだけで遊んでいて、しかも何かの作業や手しごとに取り組んでいる大人のすぐそばにいるとき
に、しばしば最高の遊びが創り出される、というのが私たちの経験です。子どもはいつも動きまわり、何かに夢
中になっているのが普通ですから、ただ座っておしゃべりをしているだけの大人にはあまり興味がないのでしょう。
これは、大人が静かに座っているのはよくない、という意味ではありません。編み棒やナイフを手に静かに仕
事をつづけていると、それらの道具がいつの間にか、子どもたちの遊びの中で働き出しているのを発見するの
です。実用的、あるいは創造的な作業に取り組んでいる大人の周りでは、調和のとれた遊びの雰囲気が生まれ
ることをよく体験します。大人がなすべきよい活動とは、料理、ガーデニング、掃除、おもちゃの修理、季節の
祝祭の準備のような、日々の作業を、子どもたちのすぐそばで実践するということです。自然の中では、すべき
作業は無数にあり、子どもたちはそれに参加したがります。テーブルセッティング、薪割り、秘密基地作りを協
力して行うのはこの上ない体験です。意味のある作業、役に立つ仕事がそこにあるとき、子どもたちはみずから、
その特別な能力を使って世界を探索し始めるのだと、私は知ったのです。

実は私たち大人が、子どもたちと料理をしたり、刻んだり、削ったり、庭仕事をしたり、一緒に活動している時、
それは子どもに、私たちの想像以上の学びをもたらしています。何を学ぶべきかという想定に基づいて作られ
た人工的な学習の場よりも、まず行動の目的がはっきりしていて、そのための必要性から生まれる学びの方が、
子どもにとってはるかに刺激的で、学びとしても効果的です。子どもたちの遊んでいる脇で、あるいは子どもた
ちに手伝ってもらいながら、私たちが目的を持った仕事をしていると、そこにおのずと対話が生まれます。それ

「子どもにとってその場所にいること、存在すること
の喜びは、その身体器官を形づくる不可欠な要素
として数えらねばならない。子どもには、明るく、
なによりも偏りのない誠実な愛で物事を判断し行動
する教師が必要である。その愛とあたたかさに包ま
れ、模倣すべきよい模範にの中にいるとき、子ども
は正しい環境で生きているといえる」

　　　　　　　　　　（シュタイナー　GA 34　1907[81]）

「子どもたちと周りの世界との関係を示す二つのキ
ーワード、それは「模倣」と「模範」である。子
どもは自分の身体がおかれた環境で起こっているこ
とを模倣し、その過程を通して、自らの身体と器
官を永続的な形態へと形づくっていく。ここでいう
環境とは、単に物質的な意味ではない。そこで起
こるすべてのこと、子どもの魂へと影響する、感覚
によって知覚できるあらゆるものをいう。道徳的、
あるいは不道徳な、賢明な、愚かな行為すべてが
含まれる」

　　　　　　　　　　（シュタイナー　GA 34　1907[80]）

80,81 Rudolf Steiner "The Education of the Child" GA 34 1907

― 模倣の体験 - ヤナギ小屋作り ―

園庭にヤナギで編んだ小屋を作ることにしました。このアイデアは、ヤナギ細工に関心を持つ一人のスタッフから生まれました。スタッフでミーティングをし、できるだけ多くの子どもと大人がその工程に参加できるよう計画を立てました。ヤナギ細工に詳しいスタッフが指揮をとり、いくつかのグループに分けられた大人が、それぞれ1日か2日ずつ庭にでて、製作に参加するという形です。私たちは高揚した気分で作業を始めました。最初にしたことは、円を描くことでした。すると一人の子どもがそこに入り「**ここが秘密基地だ!**」と言ったのです。この仕事は大人たちを刺激し、その熱意が伝わって、子どもたちも次々に参加したがりました。子どもたちもヤナギの枝を運んできて、自分たちもやりたいと言いました。ある子は大人の真似をして、トンカチで叩いてくれました。ヤナギ細工は本当に質の高い作業になりました。驚くべきことに、その一連の作業の間、子どもたちの間にいさかいが一度も起きなかったのです。そこにいたのは幸せで、親切で、お互いを誇りに思う子どもたちでした。ある4歳の子は「**ぼく、自分で家を建てたんだ**」と自慢していました。しっかり計画を立て、協力して作業にあたれば、限られた時間でも相当のプロジェクトができることが分かったのは大きな収穫でした。しかしここで重要なのは結果ではなく過程にあることを、常に念頭に置いておかなくてはなりません。目標があることは重要ですが、作業の過程で共同体が何かを獲得するとき、一人ひとりも特別な誇りと、それが自分たちのものだという充足感を得ることは確かです。

が子どもにとって自然な学びの場となるのです。子どもたちの何人かは大人の作業を手伝い、実践的な手順を直接習得する機会になります。十分な時間が与えられ、注意が向けられていれば、日々の雑事にさえ、子どもが参加して学べるものがたくさんあります。それをただ急いで済ませてしまうのはもったいないことです。大切なのは、食べる、手を洗うなどの「重要なこと」を完了させることだけではありません。本質はその過程にあります。そこで子どもはその場に受けいれられたと感じるのです。例えばニンジンを切る、蛇口を開けるなど、自分でやらせればやらせるほど、自己肯定感が高まります。それは褒めることでは実現できません。重要なことは、できることをやらせ、彼らの労を認めることです。何かを子ども向けに行うのではなく、子ども自身がその状況に関わっていると感じるように配慮すると良いでしょう。子どもは、必要とされている、役に立っている、と実感したいのです。私たちは、子どもたちが直接的に、あるいは間接的に模倣できる良い作業、良い屋外生活が、そういう特別な機会を生み出すよう、常に心がけています。

仕事をしている時の雰囲気はとても重要です。子どもが「やってみよう」という意欲と勇気を持つためには、その課題に向き合う大人の熱意と喜びが不可欠です。私たち大人は、子どもに対して正しい態度を見せる責任があります。野外で仕事をする時、大人が前向きな価値観と建設的な姿勢で取り組んでいると、子どもたちは世界が善であるという信念を持つでしょう。それは人の健全な成長に、欠くことのできない信念です。就学前の子どもは模倣によって学びます。ミラーニューロンは模倣の可能性を探し、発現するとそれが脳にプラスの信号を送ります。私たち大人がすることはすべて、子どもによって模倣されます。私たち自身に落ち着きがなく、子どもを急がせると、ばたばたした雰囲気が子どもの中に取り込まれ、子どもの心に不安を植え付けます。同じことが日々の家事にも当てはまります。大人が手早く忙しげに、次々と家事を片付けようと動き回っているときには、子どもはそれらの所作の奥底に隠された「金の粒」を手に入れることはできないでしょう。日々の活動がふれあいと平穏のうちに行われ、前向きで楽しい雰囲気であれば、それは肯定的な経験として記憶され、それによって脳の中で、喜びと学びの間に結びつきが作られます。それが、また新たに学んでみたいという欲求を生むのです。それゆえ、大人は自然の中にいることを愛し、自然に興味を持つことが必要です。子どもと一緒になって、大人自身が好きなことを、自由に情熱を持って取り組むとき、そこに大人の生命力が輝き、子どもたちをとりこにします。そのことがよく表れた例として、園庭にヤナギで編んだ秘密基地を作ったときのエピソードが、左ページに載っています。

― 庭の可能性 ―

たいていのシュタイナー幼稚園では、園庭には遊具を置かず、自然のままの庭にしています。自然の庭は大人たちに、必要な作業をすることを求めるからです。すると子どもたちは、大人の周りで自由に遊んだり、庭仕事を手伝ったりしてくれます。従来型の遊び場は、このような実践的な活動に誘ってはくれません。自然の庭で仕事を見つけるのは実に簡単です。箒を手に取り小道を掃く、何かを植える、木の枝を切る、リンゴを収穫する、鶏に餌をやるなど、あらゆることが、自然豊かな庭の、ありのままの営みの一部です。従来型の遊び場に比べ、自然の庭は豊かで、さまざまに変化します。季節の移り変わりを深く感じることができ、滑り台やブランコに比べ、遊びの可能性が限りなく広がっています。多くの近代的な遊び場は、安全規格を満たすために衝撃吸収材が敷かれており、転んで怪我をしないよう、穴やその他のデコボコが埋められています。しかし、デコボコで穴だらけの地面こそが、さまざまな感覚を刺激し、脳に多くの刺激を与え、実は子どもたちのためには、最高の運動能力育成環境なのです。

こども島ボンサイでは、どの幼稚園クラスもそれぞれ週に一度、園庭で過ごす日を設けています。園庭には砂場があり、砂をすくったり入れたりする道具や、積み木などがあります。園庭では、森や海岸にいる時のような豊かで建設的な遊びはできませんが、それでも私たちが毎週園庭で過ごす日を持つのは、庭を耕し、種をまき、水をやり、収穫するという教育実践の可能性があるからです。さらに園庭では年少の保育園の子どもたちと一緒にいることができます。それはそのこと自体に価値があり、大きい子ども、小さい子ども両方にとって大きな喜びです。園庭で行ったのと同じ活動を、森の中のテントや秘密基地でもすることができます。園庭や森の中の基地は、子どもたちが戻ってくる場所、それぞれが活動に参加でき、責任感を学ぶ、小さな作業場なのです。

第4章
自然を楽しむ　― 空腹でなく・凍えず・濡れない ―

幼児が野外で長い時間、のびのびと自然を楽しむためには、まず生理的な欲求が満たされていなくてはなりません。すなわち、空腹が満たされ、凍えず、濡れず、十分な休息が与えられていることが必要です。凍えていたり、お腹がすいていたり、疲れている子どもは、余力がなく不安定になり、森の中を歩くのが苦痛になってしまいます。この章では、子どもたちの生理的欲求を満たすために、周りの大人たちがすべきことを説明します。

食事

この年代の子どもは、感覚を刺激することが教育の主要な部分を占めます。ですから食事は、教育の点からも大切な機会です。こども島ボンサイでも、食事はとても重要な役割を担っています。食事は森のようちえんの日課の一つですから、自然に皆が集まります。食事の支度を子どもたちに手伝ってもらうのにも意味があります。冬は根菜、夏は苺と葉物のサラダ ── 出来る限り、その季節のものを食べます。それが一番手に入りやすいという理由だけではなく、旬のものには、そこで暮らす私たちがその季節に必要とする、何か不思議な成分が含まれていると考えているためです。スペインの温室ものは別として、苺はあともう少しすれば手に入らなくなります。今だけのこの味を楽しまなければ、と思うと季節感が高まるでしょう。私たちは以前このテーマで、保護者と教育者のための料理ブック『食事とふれあい[82]』を出版しています。

デンマークの幼稚園や学校では、子どもは家からお弁当を持ってくるのが一般的です。給食という伝統はほとんどありませんが、一部では保護者が共同出資し、子どもたちも調理に参加させて、自分たちの食事を準備しているところもあります。お弁当の用意はそれぞれの家庭に任されていることですから、中には手の込んだ、芸術的な「愛情弁当」を持ってくる子どももいれば、パンにレバーペーストを塗っただけのランチでお腹を満たさなければならない子どももいます。そのせいでみじめな気分になることがあるかもしれません。そういうことがないよう、私たちは、一緒に準備をし、共に食事をもつことにこだわっています。特に幼児は、「私たち」の一人として、皆と同じようにするのをとても喜びます。一緒に同じものを食べるというのは「私たち」を強く実感するひとときです。私たちの園では、毎日健康的な、野菜たっぷりの食事を準備してくれる「お食事かあさん[83]」がいて、子どもたちが食事作りで役に立っていると実感できるように、できる限り食事の支度を手伝わせてくれ

82 Mad og nærvær（食事とふれあい）: – Lækker vegetarisk mad i daginstitutionen, Nana Lyzet & Rikke Rosengren 2014
83 Madmor：mad（食事）と mor（母）の合成語。幼稚園に勤務する食事担当のスタッフのこと。

ます。一緒に食事をすると、子どもたちはよく食べ、新しい味を体験しようとお互いを刺激しあいます。子どもたちはそこで、今、みんなと同じことを感じている、という特別な一体感を経験し、満たされるのです。一緒に食事をすることは、健康的でバラエティに富んだ食事が保証されるのと同時に、連帯感を育み、さまざまな違いを受け入れる素地をつくります。

毎日の食事について、よく保護者から聞かれる質問があります。「どうやって子どもを、静かに食卓につかせるのか?」答えは一言でいうと、それに向き合う大人の「姿勢」と「存在」が欠かせない、ということです。食事のときは、大人がまず落ち着いて食事の席に着き、そのときと向き合っていることが必要です。それがよい模範となり、子どもたちが真似をします。このことは、他の活動にも同様の影響を及ぼします。子どもは大人の姿勢と存在を感じ、これから何が始まるのか、自分たちはどうしなければならないかを知るからです。活動から食事の場へと移行するときも同じです。全員をきちんと着席させ、食事にふさわしい、居心地のよい雰囲気を確立させるのは、大人の責任です。

私たちはひんぱんに屋外で食事をします。外で食事をする時には、木の幹や石をテーブルや椅子として使います。平らで広いテーブルにするために、その上に木の板を置くこともあります。食べ物を落ち着いて食べるためには、気持ちよく座れることが重要です。私たちがよく訪れる森の中には、そのような場を整えることできる場所がいくつもあります。食事の時には、テーブルクロスを敷き、花束や森で集めたものをテーブルに飾ります。時にはろうそくの火を灯すこともあります。子どもたちはテーブルセッティングの手伝いをしたり、キッチンから食べ物を運んできたりします。食事の前には短い祈りと感謝の詩を歌い、食事の終わりにも歌います。

― たき火 ―

たき火といえば、たいていの人は居心地の良さを連想するでしょう。私たちの園庭には、キャンプファイヤーをするための設備として、消防署の承認をもらっている場所があります。火を焚く場所の周りには木製のベンチが設けられていて、子どもたちがまるく座って火にあたり、たき火を楽しめるようになっています。そこは食事をしたり、物語を聞いたり、あるいはその独特の雰囲気に浸り、黄金色にゆらぐ炎を見つめながら瞑想にふけることができる、居心地の良い場所です。

たき火をするためには相応の準備が必要です。子どもたちは大人と一緒に、積極的にその作業に参加します。チーム作業は、荷台に薪を山積みした配送トラックが到着したときから、すでに始まっています。子どもたちはみな、薪を薪小屋に運ぶ手伝いに夢中になります。それは実にすばらしい光景です。薪をきちんと揃えて積み

大地がつくり、太陽が実らせた。
ありがとう太陽、ありがとう大地
感謝していただきます。[84]

食事をありがとう、おいしかったです。
それは健康、力と勇気を与えます。
ごちそうさまでした。[85]

84 「食前のお祈り」作曲：A. キュンストラー、訳詩：山本典子
　『シュタイナー幼稚園のうた』水声社 2010
85 デンマークの幼稚園で歌われている言葉からの訳

重ねる作業に、熱心に忍耐強く取り組んでいる子どもにはしばしば驚かされます。薪は、たき火をする前に、まず適切な太さに割らなくてはなりません。 大人が斧を持って立ち、心を落ち着かせ、集中し、細心の注意をもって作業にあたる姿を見るのは、子どもたちにとってこの上ない経験です。薪が準備できると、次に新聞紙と小枝に火をつけます。その火を薪へ移すと、やがて炎と熱が広がっていきます。

暖を取ること、皆で集まる場所であることに加え、たき火は料理にもよく使います。たとえばスープ、ポップコーン、パン焼き、クレープなどです。たき火料理は子どもたちに大人気です。火の周りで一緒に食事をすることは楽しく、感覚を豊かにします。自然の四大元素の一つである火の要素を体験するとき、それは子どもたちの中に敬虔な気持ちを呼び覚まします。同時に、火の近くでは静かにしていること、火に近づきすぎないことなど、守らなければならない行動のルールも学びます。大人にも注意事項があります。すぐに手の届くところに水に入ったバケツを用意しておくこと。常に誰か大人が一人、火のそばにいて、全体をよく見ていること。たき火が終わったら水で消火し、熾火が完全に消えるまでその場を離れないこと。裸火を扱う場所では、明確な規則としてこれらの手順が定められていることが重要です。

睡眠と休息

自然の中で多くの時間を過ごし、一日中体を使っている子どもは、睡眠に問題があることはめったにありません。新鮮な空気をたっぷりと呼吸し、良い刺激をたくさん受け、身体的にも適度に疲労した子どもは、夜になれば昼間の自分から離れ、すっと眠りに落ちます。昼間、外で長時間自然の光の中にいると、体内でメラトニンという睡眠ホルモンの生成ができるようになります。それが夜、良い睡眠をもたらします。メラトニンの生成は日光と深い関係があり、野外で過ごすことが非常に重要です。

森のようちえんの生活で、そのメリットを最大限に受けるためには、子どもは夜の間に十分休息し、朝、元気いっぱいで登園してくることが必要です。睡眠のリズムが乱れている子どもは一目で分かります。そういう子どもは日中、欲求不満でイライラしたり、少しの活動でぐったりしてしまいます。思う存分動き回り、野外活動を楽しむためには、十分な休息が取れて、元気でいることが必要なのです。その余裕のない子どもには、丸一日森の中で過ごすのはちっとも楽しくありません。幼稚園では、子どもが落ち着いて休むことができる静かな時間を、日中にも持つようにしていますが、必要な夜の睡眠を子どもが取れるようにするのは、基本的に保護者の責任です。幼稚園の年代の子どもは、一日に12〜13時間は眠らなければなりません。仮に幼稚園の送迎バスが8時に出発するとすれば、子どもは朝7時には起きなければなりません。ということは、夕方18時から19時には

布団に入っていなければならないということになります。それは家族全員の生活リズムを、それに合わせてととえなくてはならないという大きな課題です。

子どもは、一日のリズムが大きく乱れることに耐えられません。毎日決まった時間に寝て、同じ時間に起きるという、固定した一日のリズムを守る必要があります。それは週末といえども同じです。週末は1時間でいいから寝坊させてくれ、という大人の都合とは完全に相反するでしょう。けれども、週末もリズムが守られていると、子どもは夜、ちゃんと同じ時間に眠りにつきます。週末もリズムを乱さなかったご褒美は、平日に戻ったとき十倍になって帰ってきます。もし週末に家族で寝坊してしまうと、いつも通りのリズムを取り戻すのに何日もかかるでしょう。週の半ばを過ぎてリズムが回復した頃には、次の週末は目前です。そして再びすべてが崩れ、初めからやり直しです。崩したい誘惑があっても、週末もリズムをしっかり守っていれば、結局は大人自身も恩恵を受けることになるのです。

「人生の多くの困難に対抗して、天は人に三つのものを与えた：希望、眠り、そして笑い」こう言ったのは、ドイツの哲学者、イマヌエル・カントです。言われるまでもなく、睡眠が私たちに大きく影響しているのは明らかです。睡眠不足のときは肉体的にも精神的にも余裕がなくなることは、誰しも経験があります。幼い子どもの場合は特に、幼稚園でのふだんの集団行動のなかで、機嫌が悪い、一人で歩き回れず大人にくっついている、他の子どもの行動に対応できないなど、その影響がはっきりと現れます。子どもが多動で、わざと注意を引くような異常な行動を繰り返す場合、ADHD（注意欠陥・多動性障害）の特徴を思わせることもありますが、まず最初に睡眠不足を疑ってみる必要があります。睡眠不足が原因の場合、前述のように家庭で睡眠リズムを適切に守らせると、その症状はたちまち改善します。

睡眠中に私たちの体内では、生きる上で欠くことのできない非常に重要な活動が行われています。成長ホルモンの分泌、免疫システムの形成、感染の防御、細胞の修復、食欲の調整、血管を柔軟に保つなどです。また、その日一日に脳が受け取った感覚の体験を処理する大切な時でもあります。脳内で働く倉庫管理人が、夜の間にそれを分類し、思考、記憶、感情をしかるべき収納棚にしまってくれるのです。また眠っている間に脳で行われる「浄化処理」とでもいうべき不思議な人体の働きがあり、最近の研究でその存在が証明されています[86]。それはある種の洗浄液のような物質が脳内の血管をめぐり、ストレスホルモンといわれるコルチゾールや、そのほか人体から分泌されるさまざまな有害物質を排出する、精巧な仕組みだといわれています。子どもにしっかりと睡眠を取らせることがどれほど重要か、これらのことからも明らかです。

― 休息とマインドフルネス ―

保育園では毎日お昼寝の時間を取っていますが、私たちは特に、お目覚めの時を大切にしています。毎日しっかりお昼寝をすることはとても重要ですが、それと同じくらい、目覚めたときの平和で美しい雰囲気を守ることは重要です。子どもたちが気持ちよく、安心して目覚めることができなくてはなりません。幼稚園に上がるとお昼寝の時間はありませんので、休息の必要な小さい子どものために、夏の間は木陰に毛布を敷いて、いつでもうとうとできる場所を用意しています。冬の間は園舎の中で休憩することができます。とはいっても、この小さな幼稚園児たちも、短期間のうちにお昼寝を必要としなくなります。なぜならその時間の自由遊びはあまりに魅力的で、自分が寝ているあいだに何か楽しいことをしているのでは、と気が気ではないからです。

一日の間に何回か、お話の時間や集まりの間には短い休憩時間があります。子どもたちが集団活動や遊びから一旦離れて、信頼できる大人のそばで静かに一息つく時間を、一日の枠組みの中に設けるのは大人の責任です。私たちは、ちょっとした儀式をして、子どもたちが少しの間、リラックスして平穏の中に入っていけるよう手助けをします。例えば、子どもたちには横になって目を閉じさせ、おとぎ話を語り聞かせて夢の旅行にいざないます。マインドフルネス瞑想の手法は、子どもとの時間に取り入れることもできる有用なツールです。

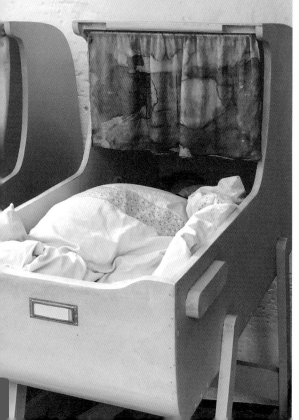

［子どもたちが外でお昼寝をするためのベッド］

衣類

衣類について言えば、昔から言われているように「鉄の値では金は買えぬ」です。季節ごとにそれぞれ高品質のアウターウェアを揃えるのは、相当の出費だということはわかります。しかし、長時間屋外で過ごす私たちにとっては、適切な服装は不可欠なものです。衣類への出費は、幼稚園で子どもたちが幸せな時を過ごすための投資だと考えてください。子どもたち全員に適切な服装をさせるのは、共同体に対する責任でもあります。というのは、森の中で、もし一人でも水の浸みやすい上着を着ていたら、そのグループ全体がもう先へ進めなくなるからです。ですから、衣類については特に、保護者とよい協力関係にあることが大切です。

どのような衣類が必要なのかは個人差があり、どんな保育施設に通わせているかにもよります。子どもの能力は一人ひとり異なります。ある子にとっては、靴が重いとうまく走ることができず、発達をさまたげるかもしれません。またある子は体が冷えやすく、他の子よりも重ね着が必要かもしれません。最近は化繊のごく薄い衣類を着ている子どもをよく見かけますが、私たちは衣類についても天然素材のものをお勧めしています。子どもが自由に動けるよう、動きやすく快適な衣類に投資してください。小さい子どもが頭をむき出しにして屋外にいるのはとても危険なことです。子どもたちは、屋外に出るときは必ず、秋から春にかけては防寒用の帽子を、夏から秋にかけて日よけの帽子をかぶらなくてはなりません。帽子は、寒さ、暑さ、風、紫外線だけでなく、感覚の過剰刺激からも子どもを守ります。

服装についてもう一つ重要なキーワードは「自立」です。子どもの衣類を購入する際には、大人の助けを借りずに、子どもが自分で着たり脱いだりできるデザインになっているかどうかを確認してください。着替えなど生活の基本動作がひとりでできるようになると、子どもの自己肯定感がとても高まります。マジックテープは、自立したい子どもにとって、また教える大人にとっても強い味方です。ストッパー付きのゴム紐で締めるタイプも良いでしょう。紐を結んだり、チャックを開け閉めするものは、この年代の子どもには適していません。

― リュックサック ―

私たちの園では、子ども用に特別にデザインされた良質のリュックサックを使っています。胸と腰の部分にバックルがあり、肩紐がずれないようになっています。これに着替えと、場合によっては替えの靴も入れて、それを背負って出かけます。リュックを毎日家に持ち帰り、必要なものがすべて入っていることを確認するのは保護者の責任です。森で見つけた宝ものが隠してあるのもこの中です。子どもたちは、石ころ、樹皮、松ぼっくり、枝、時にはアネモネの花を持って帰ってきます。

― 私たちの幼稚園スタッフ - おすすめの衣類 ―

《秋から冬》

🍀 ウールまたはウール／シルク混紡の下着－長袖・長パンツがよい。肌に触れる部分がウールだと、汗が衣服の内側を濡らすことなく蒸散するので、下着が冷たくならず快適。

🍀 通常の服の上に、良質の厚いウールのセーター、またはウールを着られない場合は良質のフリースを重ね着すると良い。気温に合わせて衣類を調節できる。

🍀 縫い目までしっかり防水された、裏地付き、防水加工のミトン型手袋。ジャンプスーツの袖に重ねられるように袖口が長く、ずれないよう手首と腕の部分がゴムでぴったり締まるようになっているもの。五本指の手袋は、子どもが自分で着脱できるようになれば使用してもよい。

🍀 防水機能のある丈夫な生地で作られた、良質のフード付きジャンプスーツ。ジャケットとズボンが別になったツーピースのスキースーツは、おおむね5歳以上の大きな子どもなら使わせてもよい。

🍀 いわゆるカミックブーツ、着脱可能なウールの裏地がついた、足首を深く覆うアウトドアブーツはとても具合がよく、私たちの園で使って大成功している。ブーツの底はラバーで、防水性が高くて滑りにくく、上部はゴアテックスで通気性と撥水性を兼ね備えている。空気の層が断熱するので、ブーツ内には少しすき間があることが重要。厚手のウールの靴下をはくことも考慮し、ブーツは足よりもワンサイズ大きい必要がある。

🍀 子どもが座りこんで水たまりで遊んでも水が浸みないような、「昔ながらの」ゴムのサロペットもおすすめ。

🍀 頭と首の両方を冷やさないために、目出し帽 (バラクラバ) が最適。5歳以上の子どもならネックウォーマーと帽子でもよい。スカーフやマフラーは、子どもたちが枝や木に引っかかる危険があるため、安全上の理由から使用させないことにしている。

🍀 冬期は特に、良質の、ウールの厚手の靴下が必要。

🍀 春と秋の季節の変わりめには、機能性のサーモウェアとレインウェアを組み合わせるとよい。

《夏の時期》

🍀 春の初めから初秋にかけて、夏の昼間でも森は濡れているので、朝からレインウェアとゴム長靴を着用して出かける。日中はその日の風や天候に合わせ、大人が子どもたちの衣類を調整させる。

❀ 一日中晴れる暑い夏の日には、子どもたちは朝から裸足にサンダルでもよい。

❀ 日焼け止め：朝、自宅を出るときから日焼け止めを塗る。午後は幼稚園で塗り直す。

❀ 日よけ用帽子：必ずつばのある帽子を着用する。

《不適切な服装》

❀ ひも靴：子どもが自分で結ぶことができない場合。

❀ タイツ：濡れた時着替えるのが面倒。

❀ スリムなズボン：動きを妨げる。

❀ ボディースーツ、ボディーストッキングなど：トイレの時、脱ぐのが難しい。

❀ ひらひらしたドレス、ロングスカート：木登りなどで動きを妨げる。ジャンプスーツの下に着るには
　適さない。

《森で過ごすために必要な物品》

　私たちの幼稚園には、森の中の活動場所に持っていって、子どもたちと一緒に移動する「仕事用ベビー
　カー」があります。必要なすべての物を一度に持ち運べる、優れたオフロード用のカートをいつか

は開発したいと思っていますが、これまで試した中では、ベビーカーが最良の解決策でした。最初は荷物用の台車を使っていましたが、でこぼこの地面を押して行くのは難しく、腕と肩が痛くなってしまいました。リヤカーは車輪が細く、森では実用的ではありません。ベビーカーには、その日に必要なものが満載されています。

《カートに搭載したい物品のリスト》

🌸 トイレ用のバケツ（生分解性プラスチックの袋を入れておく）

🌸 トイレットペーパー、手洗い用の水とバケツ、ハンドソープ、アルコール手指消毒液、タオル

🌸 応急処置キット：バンドエイド、万能軟膏、はさみ、包帯少々

🌸 おむつ替えセット：敷きマット、使い捨ておむつ、使い捨て手袋、おしりふき、小さなゴミ袋

🌸 ポリ袋は不可欠で、例えば靴を濡らしてしまった時、濡れた足にかぶせることができるなど、多くの
　　目的に利用できて重宝する（堆肥に混ぜることができる生分解性プラスチックの袋を使用）

🌸 子どもたちとの活動のために持っていくもの：お絵かき板（下敷きに使い、季節のプロジェクトや
　　活動に使用）

🌸 カッターナイフ、小包丁、年長の子ども用のナイフ

🌸 子ども用のこぎり、大人用のこぎり、ハンマー、スコップ、紙やすり、子どもたちが森で集めたものを
　　入れる小さな籠

🌸 お絵かき用紙、絵の具、はさみ、針金、毛糸、紐、セロテープ、糸と針の入った箱

🌸 ベビーカー用の雨カバー

🌸 森の地面に敷くターポリンシートと毛布

🌸 雨が降った時に張って避難できる防水シート（雨、風、日射を避けるための帆布）

🌸 午前と午後のおやつが入ったクーラーバッグ、まな板、バターナイフ、果物ナイフ、ピーラー、
　　子どもたち用の水筒と小さな水飲みコップ、紅茶、コーヒー、マグカップ

🌸🌸🌸　　お昼は、幼稚園のキッチンで用意した、ランチの入った籠を取りに行きます。　　🌸🌸🌸

もしリュックに水がかかってしまっても、着替えや替えの靴が濡れないように、それぞれポリ袋に入れておくとよいでしょう。幼稚園児が自分で背負うものですから、あまり重くなりすぎないように気をつけます。

衛生とトイレ

森の中で何時間もすごすなら、必ずトイレに行くことになります。私たちは生分解性プラスチックの袋をセットした黒いバケツをトイレとして使い、使うたびに袋を交換するようにしています。袋は一日の終わりにまとめて特別なごみ箱に入れられます。子どもは屋内のトイレに座っているのと同じように、バケツに座って用を足すことができるので、服に汚れがついてしまうこともありません。保育園から幼稚園にあがってきたばかりの小さな子たちは、外のトイレに慣れるまで少し時間がかかりますが、大きな子たちがしているのを見習って、すぐにできるようになります。トイレに行くときにプライバシーが守られるよう、トイレのエリアを覆って隠すようにしています。また子どもたちがこういうスタイルに慣れるまでは、必ず大人がついていって、子どもが安全に用を足すことができるよう必要な手助けをします。

この本を書くにあたり、こども島ボンサイの卒園児で、幼稚園時代を振り返り、その体験を言葉で表現することのできる年齢に達している子どもを対象に、アンケートを行いました。質問の一つは、野外にいて最悪だったのは何か？ というものでした。長時間外で過ごしたことじたいを、悪い体験だったと答えた人はほとんどいませんでしたが、何人かは、トイレの状態が問題だった、屋外でトイレに行くのはとてもやっかいだった、あるいは我慢の限界を超える体験だった、と回答しました。この調査結果を見て、私たちは目が開かれる思いでした。子どもたちは皆それぞれ違っていて、ほとんどの子どもは元気に楽しい時間を過ごしていますが、開放された空の下でトイレに行くのが不快であると感じる子どももいるのです。それを安心で心地よいものにするのは教育的課題です。私たちは、園の子どもたちにとって何が最善か、常に考え続け、新しい方法を生み出さなくてはなりません。調査の結果を受けて、私たちは仮設トイレをいくつか購入しました。これによって、森でのトイレがより良い体験となるよう願っています。

子どもたちには、ぬるま湯と石鹸で手を徹底的に洗うよう、繰り返し教えています。食事の前、外から帰ってきた時、トイレを使った後は必ず手を洗わせます。さらに、保健所からの指導により、感染の危険性を減らすため、子どもたちが朝、施設に到着した時、家に帰宅した直後にも、必ず手を洗うよう勧めています。コペンハーゲン市の保健師が、定期的に私たちの衛生管理状態を確認しています。私たちは自然の中での活動も含め、すべての点で定められた基準を遵守しています。

第5章
自然と野外生活を中心にした幼稚園を創る

近年、自然と、自然の不思議を子どもたちの日々の生活に取り入れることに注目が集まり、保育施設に対しても
そのような要求が高まっています。デンマークでは、子どもは本物の自然とその多様性を、海岸や森、湖、荒
れ地などで体験しなければならない、という公的指針があるほどです。子どもは本物の自然を経験しなさい、
という指針があるのは良いことですが、最も重要なのは、それにどのように対応するかについて、それぞれの
施設ごとに目指す将来像を持つことです。すでに自然をとりいれることを実践している施設もある一方で、どの
ようにして遊び場の中に自然を取り入ることができるのか、自然の中に出ていくことを継続的に維持するにはど
うすればいいか、まだ検討が必要な施設もあります。まず施設の教員の間で、自分たちの理想像や価値観、子
どもたちの中にある自然に対する欲求をどのように満たすか、などについて、対話をすることが必要です。子ど
もは熱中することで学ぶ、不思議に思う気持ちが好奇心を育てる、自然の中にいて、子どもたちが自由に、自
分の力で何かを見つけることがゆるされているとき、それは実に多様な学びにつながる。私たちは子どもの学
びについて、このような基本姿勢を貫いています。ですから、子どもたちに授業のようなスタイルで教えること
はしません。それが何なのかを説明したり、予備知識を与えたりせず、そこに存在するものをただ見せるの
です。子どもが自分自身を、世界を知る道具として使いこなせるようになることを、私たちは常に願っています。
そして本物の感覚的体験で満ちあふれたの日々を提供することによって、子どもたちに自発的な学びの枠組み
を創り、それが継続する条件をととのえることが、私たちの責任であると考えています。

自然と野外生活を中心にした幼稚園を新たに創設する時、またその後もそこが発展を続けていくために、最も
重要なことは何でしょうか。それはまず第一に、職員たちが皆、自然の中へ子どもを連れて行くために必要な
資質、知識、創造性、そして意欲を持っていることです。次に、どのような世帯を対象にするのか、その人た
ちがどの地域で暮らしているか、そこには自然幼稚園がすでにあるのかどうか、よく調査することです。私はこ
ども島ボンサイを 創設する時、自分自身でこの課題に取り組みました。 私の願いは、コペンハーゲン市内に住
む、街の子どもたちに、自然の中で過ごす可能性を提供できる幼稚園を作ることでした。 新しく間借りした部
屋で、新しいスタッフ、新しい子どもたちとゼロから始めるのは大変なことでしたが、それは楽しくワクワクする
仕事でした。もちろん、既存の幼稚園があって、その場所でもっと自然を取り入れた幼児教育を実践したいのか、
何もないところから始めるのかでは、大きな違いがあります。 しかし十分な勇気と意志があれば、どんなことで
も実現可能です。子どもとそのまわりの大人の心の中に、その生きる姿勢の中に、自然を深く取り入れる方法
はいくらでも見つかるでしょう。

幼稚園をとりまく環境

野外教育を展開する地域を選ぶときは、その近くに湖、公園、森、湿原、農場、墓地、野原、海岸があるかなど、環境の多様性を見ることが重要です。さまざまな自然の形態や地形に恵まれた場所は、多様な学びの機会として利用できます。例えば、倒木や木の切り株がある場所では、それによじ登ったり滑り降りたり、子どもたちに良質の遊びをもたらし、昆虫や野生の生き物に出会うこともできるでしょう。ちょっとした丘や急斜面、木登りのできそうな樹木があれば、そこで何時間も活動し、自然を楽しむことができます。子どもが隠れることのできる茂み、ベリーの藪、もぐりこんで夏の日差しや雨を避けることができる古木の洞など、森の中にはたくさんの可能性があります。短期間借りられるバンガローなどの施設があるかどうかも確認しておくとよいでしょう。利用可能なキャンプ施設などについては、自治体や自然保護協会などで確認することをお勧めします。

野外教育に利用する地域には、何のための場所か決まっていて、そこで実践する活動がある程度固定されているような場所から、行ってみるまで何が起こるか予想がつかず、毎回新鮮な驚きがある場所まで、さまざまな環境条件をもつ、複数の場所が存在することが望ましいのです。それによって子どもたちは、さまざまな環境を行き来して、挑戦と安心のバランスを見つけることができます。また決められた集合場所、ベースキャンプのようないつでも戻ってこられる基地を決めておくことは、子どもたちがその場所に慣れるまでの時間を、安心して過ごすために良いことです。基地には、焚き火の場所と集合広場があり、同時に、邪魔されず、ひとりで静かにすごすことのできる場所も見つけられることが理想です。私たちは、密生した森から開けた芝の広場まで、さまざまな植生の、多様な地形を訪ねます。森には、生きている木、枯れている木、倒れた木など、さまざまなかたちの木があり、それぞれ素晴らしい遊びの可能性を与えてくれます。さらに、ハーブ、低木、ベリー、花、土、泥や砂などの造形材料があり、木のかけら、樹皮、松ぼっくり、小枝も落ちています。また言うまでもなく、水や、動物、昆虫ともふれあうことができます。落葉樹林と針葉樹林の境にある溝のあたりでは、光の差す開放的な枝と薄暗い隠れ家気分の両方を味わえ、ロープを少し持っていれば、枝を使って自然のブランコを作ることができます。

― 感覚を豊かにする空間 ―

私はこれまで、国内や海外で多くの幼稚園を訪問する機会があり、さまざまな屋外空間を見てきました。そのたびに、良い屋外空間が作られるためには、スタッフが高い意識を持ち、その場所をどのようにしつらえるか、常に真剣に考えていることが必要なのだと感じました。その良い例は、とある森から遠い場所にある幼稚園です。そこでは園庭に小さなスペースがいくつも作られていて、たき火、小川、花、植物、樹木、作業台、走りまわる丘、隠れる片隅など、多彩な要素が実現されていました。その多様性によって、子どもたちの感覚は広範囲

― 自然の中の遊びに関する研究 ―

デンマークの景観設計士、インガ・レアストロプは、子どもたちの遊びと想像力を刺激する、自然と環境の質について研究しています。彼女は、子どもが惹かれるのは、変化しつづけるもの、それに対する、行動の選択肢が知り尽されていない要素に対してである、と結論づけました。特に、森には豊かさ、多様性、無数の段階が存在し、季節の移り変わりは、森を無限に変化させ続けます。森のこのような動的な性質は、子どもが常に成長し、発達し、学んでいるという事実によく対応しています。レアストロプは、日々の生活における変化や多様性は、目新しい場所を訪れたり、庭や遊び場に新しい遊具を追加することでも実現はできると認めています。しかし、自然や森は、それ自体が変化と多様性に満ちています。私たちはその中にいるだけで、はるかにたやすく、その変化と多様性を享受することができるのです。十分な広さがあることは重要な要素ですが、それが難しい場合でも、地形や植栽の変化をうまく利用して、狭くても変化に富んだ場所を構成し、広さの感覚を生み出すことはできます。

レアストロプはいくつかの森のようちえん、自然幼稚園、および一般の幼稚園においてフィールドワークを行い、それに基づいて研究を進めました。彼女は、子どもの遊びに重要なのは、場所だけでなく、子どもが真似をする対象と、大人の寛容性に大きく左右されることを見いだしました。具体的に言うと、大人たちが行っている、建てる・掘る・切る・刻む・ちぎる、味見する・ナイフで削る・のこぎりを引く・つぶすなどの作業に、子どもたちが参加することができ、また子どもたちだけで基地となる場所から離れ、再び戻ってくることを許されているかどうかが重要だったのです。このレアストロプの所見は、条件の異なる幼稚園での子どもの発達をテーマにした、スウェーデンの研究によっても裏付けられました。「たとえあなたが、教育スタッフとして非常に高い意識を持って取り組んだとしても、その存在だけで"不十分な環境"のもと、豊かな育ちの条件を作り出すことはできない。逆に、たとえ"豊かな環境"に恵まれていても、教育スタッフがなすべき仕事をやり遂げない限り、遊びに夢中になり、自分の創造性を存分に発揮できるような安心感を、子どもに提供することはできない」つまり、子どもたちの遊びと育ちを豊かなものにするには、物質的環境と社会的環境の両方が満たされる必要があるということです。

87 Inger Lerstrup: コペンハーゲン大学の研究者
88,89 Lerstrup 2016
90 Grahn 他 2000

に刺激されるでしょう。しかし一方では、雑菌が繁殖して不潔だという理由から、幼稚園に砂場を作らせないところもありました。夜はカバーを掛け、定期的に砂を交換するようにすれば、砂場を清潔に保つことは簡単なのに、残念なことです。カリフォルニアで「裸足の幼稚園」を見たときは驚きました。すべての園児が、一日中裸足でいるのです。安定した温暖な気候に恵まれ、子どもたちは、生まれたままのやりかたで歩き回り、この世界に足あとをつけていました。さまざまな要素がそこにあることは、多様な刺激を感じ感覚を育むために、とても重要なのです。

安定した温暖な気候に恵まれた国、米国カリフォルニア州やオーストラリアなど、一年を通して一日中外で過ごすことができるような地域を訪ねてみると、本来は屋内の遊びに使う一般的なおもちゃが、そのまま屋外で使われていました。幸いなことに、ほとんどの園庭には砂場があって砂遊びはできますが、そこへおもちゃの乳母車や車、絵本などを持ってきて遊ぶこともできるのです。私たちが森で遊ぶときは、できるだけ自然が与えてくれるもので遊ぶようにしていますが、例えば大きな布を吊して秘密基地にしたり、お着替えごっこに使える布地を持っていくなど、人工物をほんの少し、自然からの贈り物に加えることも、遊びを豊かにします。

発達と新たな知識のために熟考し続けること

自然の中で子どもたちと過ごしていると、常に新しい発見と学びがあります。自然が常に変化し続けているように、私たち自身も古い習慣にとらわれず、常に状況に適応した新しいやりかたを考え続ける必要があります。それは私たちのなかに、その瞬間と向き合う力を養い、子どもたちが物事の本質を究め、それを新しい知識として身につけるための基盤となります。そこから興味と好奇心が芽生え、より深い理解に向かって伸びていくのです。変わり続けることは終わりのない課題であり、これからもずっと、私たちのなすべき仕事、子どもたち、そして自然と共に在り続けるために、常に努力をし続けなくてはなりません。

子どものために働くとき、そこでは覚悟と責任が求められます。もし私たちがそこから何も新しいことを学ばず、ただ同じようににに毎日のことがらを行っているなら、そこで起こることは、発展や成長とはかけ離れたものになるでしょう。私たちは自分を励ましながら、次々に新しい目標を設定し、それに挑戦し続けなくてはなりません。それぞれの季節にちなんだ新しいおとぎ話を覚える、樹木や花、昆虫、鳥の名前を調べるなどです。自然を知れば知るほど、私たちの中で、自然はますます大きくなってゆくのです。自分自身が自然への興味を持ち続けていなければ、面白い、もっと知りたい、という子どもの気持ちを動かすことはできません。自分のしたこと、決めたことについて、常に振り返りをもつことは、教育の重要な柱です。それなしに発展はありません。

スタッフは、お互いの違いについて寛容であることが必要です。例えば、子どもたちのための庭を作りたいと思う一人の大人がいるとします。すると、別のグループの子どもと大人を、そのプロジェクトのどこに、どのように参加させることができるかを考えなくてはなりません。つまり、何かを提案すると、同時に、誰もが参加でき、そこで一人ひとりが何らかの自己実現ができるように計画する責任もついてくるということです。周りの皆を刺激し、一緒に何かを成し遂げたという達成感を築くのは、全体の責任を負うひとりの大人です。別の一人は食事プロジェクトの、三人めの大人は体験プログラムの責任者です。保育園と幼稚園合同の企画で、幼稚園の子どもたちが保育園で「お手伝い」をすることもあります。それは小さな子どもたちと年長の子たちの両方に良いことです。四人めはヤナギかごを編む技術を持っていて、他の大人や子どもたちに、ヤナギの編み方を教えています。それで園庭には大人も子どもも楽しめる大きな秘密基地ができました。大人が一人ひとり違っていることは貴重な財産です。彼らが自分自身を表現する機会を与えられたとき、それはさまざまな方面で役立ち、グループ全体に喜びをもたらします。

シュタイナーは、教育は芸術だと言います。その意味は、教育の仕事が決まりきったことの繰り返しであってはならないということです。教育は、一人ひとりが必要としているものに応じて提供されなければなりません。それにはその子どもと「共に在る」ことをひたすら深める必要があります。また教育は、教育者にとっても学びです。子どもと子どもがおかれた状況に、常に感動と好奇心を持って関わり、理解しようと誠実に努めなければなりません。ただ同じやり方を繰り返していてはなりません。前回うまくいった方法が、今も使えるとは限りません。芸術家の仕事と同様、教育には、真摯に向き合うこと、たゆまぬふりかえり、そして深い洞察が必要です。

教育者が身につけていなければならない、もっとも重要な能力の一つは、一人ひとりの子どものありのままを見る「観察力」です。しかしどうすれば、この忙しい毎日の中で自分を見失わず、今ここにいる子どもと向き合い、偏らずに観察することができるでしょう? 何をすれば自分の心に、平穏と落ち着きを取り戻せるのでしょうか? その一つの方法は瞑想です。集中力を高め、ストレスを軽くし、見えなかった可能性や答えに気づかせ、それによってまっすぐに心を子どもに向け、開くことができるようになります。私は施設のスタッフたちと一緒に、やや大きな瞑想深化演習に参加したことがあります。そこでは自分自身への深い洞察へ導かれるとともに、専門性という点でも高い成果が得られました。スタッフ全員が同じ体験を共有したことで、深い相互理解の出発点となったのです。また私たちには、未解決の課題を意識しながら森を散歩するとよい結果を生む、という経験則があります。自然の中を散歩することで、私たちの心にゆとりが生まれ、柔軟に解決策を見いだすことができるからでしょう。

私たちは二週間ごとにスタッフミーティングをもっています。ミーティングは、ただ話し合いの場というだけでなく、

さまざまな機能を持っています。共に集まってする学習会、子どもたちの観察、カリキュラムのテーマを出し合う、進行中のプロジェクトの振り返り、新しい取り組みのアイデア、計画立案などです。特に私が求めているのは、共通の価値観と問題意識を中心に据えた、プロ意識を持った集まりになることです。その意味で、スタッフミーティングの位置づけは非常に重要です。そこは、ひとつの理念を共に創り、目標と方法について合意し、なされたことへの洞察を共有する場だからです。

私はよくミーティングの始まりに、全員の意識を一つにするため、黙想を導くような詩の一節を朗読します。あるいは皆で静かに森の中を散歩して、感覚を研ぎ澄ますことのできる静寂に身をおきます。そのあとで、まず大きな教育上の議題を先に話し合います。例えば、子どもたちが自然の中でどのように遊んでいるか？ というテーマで、洞察を共有しなければならないとします。観察結果について発言する前に、まずスタッフは数分間の間、意識を内側に向け、静かに黙想する時を持ちます。そのあとでそれぞれの考えを分かち合い、共通の理解を深めます。このようにして、そのテーマに対する、全員の声を聞く場をつくります。そうすることで、そのミーティングが、同僚の考えを批判したり、非建設的な議論に終始することを避けられるのです。

ミーティングには時々小休憩を挟んで、体を動かすようにするのもいいことです。専門性の高いスタッフミーティングの中身をより深いものにする方法はいくつもありますが、何よりも重要なのは、まず会議のリーダーが、意図を明確にし、全体の構成を取り仕切り、共通の認識、ひとつの協働体制へと全員を導く覚悟で臨むことです。よく私たちが熱中する議題の一つは、次にやってくる季節の祝祭の企画です。まずその祝祭の背景について、客観的な説明をすることから始め、その季節の本質とは何か？ 今期は子どもたちのために、私は何を作りたいのか？ そのような質問に対し、しばし自問自答してみます。それから話し合いを始めることで、私たちは共通の足がかりを見つけることができます。この過程が、私たちの結束力と実行力をより強固なものにするために必要なのです。

ノウハウを共有することは、創造的思考のためによいことです。それは大きな施設でも少人数の施設でも同じです。私たちの園舎にはいくつかのクラスルームがあり、お互いに行き来することが刺激になります。他のスタッフのやりかたを見て、自分の行動に気づかされることも多く、それが新たな視点を与えてくれます。外部の講習会に参加したり、講師を招いてあるテーマに沿って、例えば寒い冬の期間、園庭をどうやって活用するかとか、子どもと一緒にする料理、外を歩きながらおとぎ話の語り聞かせをする方法などについて話して頂くことも、さまざまなヒントを得るのに役立ちます。テーマはスタッフ自身が決めるようにしています。私たちは季節ごとに新しいことを学び、子どもたちとの活動に取り入れるよう常に努力しています。

第6章
自然の中の子ども・子どもの中の自然

子どもも大人も、人間はすべて、より大きな全体の一部です。私たちは道を歩き、何かを試し、世界を見て回り、それを体験することによって、日々の生活を営んでいます。人が成長するとき、意識が最初に必要としているのは、私たちのいる世界がどんなものかを理解する力です。私たち人間は、非常に複雑でありながら、すみずみまで調和の取れた美しい相互作用の一部です。そのつながりを感じることが、この美しいいのちの調和の中に、子どもたちを導き入れる第一歩なのです。

人間は、深い本能的な部分で自然とつながっています。自然へのあこがれは、自らの内にある自然とつながりたい、無意識の欲求でもあるのです。つまり、子どもが自然の中に在ることと、生まれながらに持つ内なる自然は、ひとつのことなのです。人と自然は相互に働きかける関係です。「子どもは自然の中に、自然は子どもの中にあり」です。

いのちを生み出す水、太陽の暖かさ。この世界にもたらされた生命の不思議の数々に、子どもたちが気づき、そのすばらしさを知る場所、それが自然です。そこには驚くべき感覚体験が備えられています。それを理解するのはあまりも複雑に思えるかもしれません。けれども子どもは、一瞬のうちに自然との絆を結び、自然の中に動くあらゆるものと友だちになってしまいます。そして子どもたちは、自らの内なる自然に、両足をしっかりとつけて立つのです。いのちの概念は、一人ひとりの子どもの中に、生まれながらに、しかし無意識の理解として備わっています。自然の中でさまざまな営みに出会うことで、それは具体的な体験として、理解に変わるのです。

自然は生涯の友だち

多くの卒園児が、園での生活を懐かしがり、園を訪ねてきては、森の中でよく登ったあの木が、今どうなっているか見に行きたいなどと言います。その後子どもたちがどんな自然体験をしたか、保護者から聞かされることもあります。何年か前に、私たちと森に行ったある男の子が、菩提樹の小さな芽をこっそり家に持ち帰ったことがあります。男の子は母親と一緒に、それを自宅の石畳の庭に植えました。その木は大きく成長し、今はもう青年となったその子が、2階のキッチンに座って、その梢を見ることができるというのです。彼はそれを眺めるた

びに、自然の中で過ごした楽しい日々を思い出すのです。またある子は、ヴェスタブロー[91]の小学校に通い始めたとき、自分の足は市街地のアスファルトを歩くようにはできていないと感じました。やわらかくて弾力のある森の地面の方が、ずっとうまく動けて、上手に走ったり、跳ねたりできたというのです。

この本を通して、私たちは、自然がどのように、子どもの健康的で幸せな発達を助けるかを示す数々の調査を紹介してきました。自然との深いつながりを経験することによって、子どもは自然がもつ癒しと励ましの力を、存分に受け取ることができます。私たちはまた、子どもたちが自然と愛情深い関係を築き、自然が彼らにとって親友のようになることを、何度も見聞きしています。この本を書くにあたって、こども島ボンサイの何人かの元園児たちに、幼稚園時代の体験と現在の自然との関係について聞いてみました。子どもが自然の中で日々過ごすことがどんなに素晴らしいか、彼ら自身の言葉によって、それはあらためてはっきり示されました。今や若者となった彼らの多くは、今も自然の中にいることを愛し、自然は自分自身に戻る場所、それは開放感、エネルギー、新鮮な空気、広い空間。雨や風すらもうれしいこと、そして自然は安らぎの場所、心を解き放つ場所だ、と語っています。

多くの保護者が、子ども部屋の窓枠や棚は、今も松ぼっくり、小枝、枯れ葉、石ころなど、森から持ち帰った楽しい小物であふれているといいます。とても捨てることができません。その一つひとつが、幼稚園時代の楽しい出来事や大切な思い出につながっているからです。そうです、自然は子どもの心にしっかりと残ります。子ども時代に、自然と自然が持つさまざまな性質を深く知る機会が与えられるのは、とても幸せなことです。その子どもは、自然との絆、特別な親近感を、いつまでも持ち続けることができるでしょう。

街中で自然を見つけて活用する

自然が子どもや大人に与える影響について、近年注目が集まっています。それは間違いなく良いことです。街には公園が増え、自給自足生活、生ごみコンポスト、屋上養蜂などを楽しむ人たちが、ブログやSNSを通じてどんどん情報発信をしています。ハーブを育てたり家庭菜園に挑戦する人も増え、それは自分たちだけでなく、地域にも喜びをもたらしています。ここに、原点に立ち戻り、自然が私たちに与えてくれるすべての贈り物を再認識し、それを楽しむことがいかに大切か、明確に示されています。それが、私たちが将来、この地球をどのように守っていくか、より深い自省と洞察への動機づけになることを願っています。この本の目的のひとつは、私たちの生活を自然で満たすことがいかに大切か、はっきりと意識することです。私たちは皆「日々の生活の中に、自然が十分に満たされているか？」と問うべきです。80年代に行われた教育キャンペーン「今日、あな

たは子どもと話しましたか?」という看板や車のステッカーを覚えている人がいるかもしれません。もちろん、今も、子どもたちと話をすることは大切ですが、私たちは今、「あなたは／あなたの子どもは、今日、自然とふれあいましたか?」と問う時なのかもしれません。

最近の傾向として、ますます多くの人々が、膨張し続ける大都市に移動しています。 研究者たちは、この拡大傾向が減速する見込みはないとみています。ですから、将来の子どもの多くは、大都市で育てられることになるでしょう。しかし、自然を体験をするために、遠くのオーストラリア、アフリカ、インドなどの野生的な自然へと出かける必要は、必ずしもありません。近所の公園を散歩したり、ボートに乗ったりすることも立派な自然体験です。野外にいることそのものに、魔法の力があるのです。大都会に住んでいるか、田舎に暮らしているかはたいした問題ではありません。重要なのは、住まいが都会であれ田舎であれ、外に出ることです。幼稚園や保育園でもそれは同じです。園の真ん前にある遊び場を使わずに、あえて近所の公園まで歩いていくことにしている幼稚園があります。より長い距離を歩かなくてはなりませんが、子どもたちにとって散歩は価値あるものです。公園に着けば、転げまわることのできる広い場所が待っています。このように、自然の重要性を意識して運営している、いくつかの街の幼稚園のことを聞きました。最近訪問した、ロサンゼルスの貧しい密集地域の幼稚園では、閉鎖された駐車場に、素晴らしい屋外エリアがつくられ、すべての教員が野外生活教育の研修を受けていました。他方で、すぐそばに森や美しい自然があるにもかかわらず、それを全く活用していない幼稚園もありました。自然よりも屋内での活動や、園庭のなかにとどまることを選んだのです。世界中の多くの地域で、子どものためにより良い屋外環境を創ろうと、信じられないほど粘り強く働いている人々がいます。それが特に大都市で起きているのは興味深いことです。

幸い、ここデンマークでは、都市部を緑化し、街なかに自然を創造し、レクリエーションに活用できるようにすることに、市民の関心が高まっています。 例えば、コペンハーゲンのアシステンス墓地は長いあいだレクリエーション目的に使用されてきました。レクリエーション目的のために既存の街の緑地を開放する方針は、今後も継続されるようです。 デンマーク自然保護協会のホームページでは、街で活用できる自然豊かな場所を紹介しています。もちろん、人の手によって構成された街の公園や緑地では、自然の森にいる時と同じ経験はとてもできません。もし実現できる機会とゆとりがあるのならば、自然の森や海岸といった場所へ、週末に日帰りで出かけることをお勧めします。 しかし、それが無理であっても、少しでも自然を体験することは、全くないよりははるかに優っています。

― 屋内に自然を持ち込む ―

美しい色に染められたシルクの布、枝、葉、ベリーの花輪など、さまざまな自然の贈り物で飾られた、季節の
テーブルを作りましょう。自然の素材で、こびとや動物を作って飾るのもよいでしょう。窓辺でハーブを育てたり、
牛乳パックに綿を敷いてスプラウトを育て、フェルトやボール紙で作った鶏やウサギを並べるのも楽しいです。
例えば収穫祭の時期には特別の「実りのパン」を焼き、ジャムや花輪を作るなど、その季節ならではの題材を
意識します。自然の移り変わりをこのような形で私たちの身近に取り入れることで、自然の雰囲気がそこに映し
出され、自然の中でいま起きていることへの意識が高まります。

― 子どもと過ごす自然の庭 ―

かたちの決まっている遊具は退屈です。たぶん大人は、ぼんやりベンチに座って、それを眺めているだけでしょ
う。自然の良いところは、かたちがないことです。自然の庭にいるときは、大人は大人で、何か自分がやりた
いことに取り組んでいます。子どもは庭にあるものをたちまち何かに変身させ、新しい遊びを創り出します。穴
を掘ったり、雨を集めるダムを造ったり、芝生の上でカタツムリに競争をさせたり、小枝を集めて、捕まえた虫
たちが潜り込む秘密基地をつくったりしています。自然の庭にいると、人工の遊具で遊ぶときよりも、何もかも
が生き生きとしています。私たちは、そこでいのちと向き合っているのです。自然の庭や畑があるなら、ぜひお
子さんをそこへ連れ出してください。そういう場所がなかったら、遊び場に自然の一角を作ってみてはどうでしょ
う。ちょっと盛り上がった場所が、わずかな土で家庭菜園に変えられます。あるいは小ぶりの樹木やベリーの
垣根のある、芝生の庭も悪くないでしょう?

自然は学びの場 ― 子どもにとっても、大人にも ―

子どもと自然の中を歩くとき、その自然について何かを知っている、ということが重要です。危険な動物や植物を知って身を守る、ということだけではありません。自然について知っていることが、子どもたちの経験と、私たち自身を、さらに豊かにするからです。私たち大人は、経験を積ませてくれるすべてのことがらに、熱意と、敬虔さと、尊重する心をもって向き合わなくてはなりません。私たちは、私たちの行動によって、自然を守る方法を伝えているのです。例えば、枝を折る代わりに、使える枝が地面に落ちていることを子どもたちに見せるのです。いつも袋を持参して、ゴミやガラスの破片は拾って持ち帰ります。自然を大切にする大人を、子どもたちはしっかり見ています。それは子どもたちの中に何かを残すでしょう。そしてそういう大人を真似するうちに、子どもたちの中に、環境、気候、地球を守る意識と次世代への責任が自然に育っていきます。一年を通じて自然の美しさを体験したことは、自然への愛と情熱を芽生えさせ、それは子どもたちのなかに、ずっと生き続けるのです。

自然の中にいれば、いのちの循環を目の当たりにします。春には鳥が巣を作り、卵を産んでいるのを見ます。まもなく卵は孵化し、雛の姿が見えます。 そのうち何羽かは巣から落ち、地面で死んでいるのを見つけることがあります。死は、いのちの循環の一つの過程です。そこで大人はどうやって動物を埋めるのかを見せ、そのいのちがここに存在したことへの感謝を表します。それは簡潔で意味深く、いのちあるものすべてが同じ循環の中を歩んでいることを、子どもたちは自然に理解します。

子どもたちとの野外活動を「科学」と呼ぶ人が、近年急に増えてきました。学校教育の現場でも盛んに言われているようで、「教育者のための科学」講座が、保育園や幼稚園の教員向けに開催されたりしています。「科学」とは、端的に言えば、宇宙と自然界で起きている変容の一部始終を理解しようとする学問です。張った氷が溶け、小川から霧が立ちのぼり、種が芽を出し、シャボン玉が風に乗って舞い上がる、そういった、森のようちえんで日常的に繰り広げられる光景を「科学」ととらえるのは、すこし大げさな気がします。幼稚園で学校のような教え方をすることに対しては、私たちは慎重になるべきです。学ぶための基礎を、子どもたちに備えさせるのが幼児教育者であって、私たちは何かを教える教師ではありません。知識に偏った教育をすることは、最悪の場合、経験を通して世界を知ろうとする、子どもたちの内なる力をつぶしてしまうことになりかねません。子どもを取り巻く環境が、いつも不思議と驚きに満ちていて、そこで生きる元気が湧く、目を輝かせてこの素晴らしい世界を探検したくなる、そういう場であるようにすることが、私たち大人の務めなのです。

これまで紹介してきたように、自然と野外生活が、子どもたちにとってこんなに良いものであるのなら、森のようちえんや、野外生活を重視する幼稚園がもっと普及していてもよさそうなものです。もしかすると、森の保育施

設で未就学児を育てることについて、間違った定説が信じられているのかもしれません。例えば、森で自由に遊ばせてばかりいると、教室の中でもじっとしていることができず、学習に差し支える、森のようちえんの子どもは学校で学ぶ準備ができていない、というような論理です。しかし、この本でもその一部を紹介したとおり、数多くの幅広い分野にわたる研究と調査によって、真実は全く逆であることが証明されています。自然の中で多くの時間を過ごしてきた子どもは、集中力が高く、好奇心が強く、優れた社会的能力を持っているのです。実際私たちは、卒園児が入学した小学校の教師から、私たちの園の子どもたちは、小学校が始まるやいなや、非常に高い順応性を示し、学習の準備がすっかりできている、との評価をたくさん頂いています。

最近では、学校教育の場でも、新しい学びの持ち方が検討課題に上がってきているようです。それは野外学習です。例えば週に1日は教室の外で授業をし、学校周辺の環境、自然、社会活動、文化的施設について学習する時間に充てるというものです。その目的は、実体験、行動、対話、ふりかえりの各段階を通し、自分たちで見つけた知識を獲得することです。⁹²野外学習の推進派は、この手法の利点を次のように説明しています。まず、実際に具体的な物や活動に触れることで、子どもたちの意欲が高まり、より専門的で深い学びが得られること。また、校外で学ぶと子どもたちの集中力が高まり、それが質の高い学習につながること。さらに運動能力が高まり、より健康的で、複数の視点によって幅広い学習がもたらされ、よりよい社会理解へとつながるというのです。

野外学校教育を支持する論拠は、「体を動かすことで、学習能力は向上する⁹³」ことを示したフレーデンスらの研究によって裏付けられています。従来型の学校教育施設で、学習が困難な子どもが多いと聞きますが、教室に静かに座っていることのできない子どもが問題なのでしょうか？ 今の学校教育では、黒板や電子スクリーンの前に座って学ぶことが中心です。それが「体を動かして学ぶ」という子どもの本質とかけ離れていることに、根本的な問題があるのかもしれません。

優れた学びとは、子どもたちに知識を教え込むことではなく、子どもたち自身が知識を欲するような、動機と好奇心を刺激することだと私たちは考えています。従って教師の最も重要な仕事は、自発的に欲求とやる気が湧いてくるような、ワクワクする環境を作り出すことです。驚嘆したいのなら、自然にまさる場所はありません。子どもは、自然の営みを具体的な形で体験し、それに驚嘆することで、好奇心が刺激され、もっと知りたいという動機が目覚めます。自然を体験し、いのちの不思議を知った子どもの心には、私たちを取り巻いている、さらに偉大ないのちの循環を悟るための基礎が作られます。石ころ、小枝、木片、葉っぱなど自然の素材を使って何かを作っている時、子どもの内には創造の力がムクムクとふくらんでいます。自分の想像力の他に、さえぎるものは何もないと感じているでしょう。自然の中で、安心して遊んでいるとき、子どもは自然とつながっているのです。その絆と、自然への喜びは、生涯続くものになり、それによって、私たちが共に生きている、自然と環境に対する責任も養われていくのです。

92 Barfod & Bendix 2012
93 "Læring med kroppen forrest（まず体で学ぶ）" Kjeld Fredens 2018

「胸を張る自分」

オーレ・ヒュルトフト[94]

幸せ　それは歩くこと
膝まで埋まる葉っぱの中を
ただひたすらに踏みしめて
それ　にんじんの種を蒔こう

喜び　それは見ること
水にはじける陽の光

大地の匂い　陽の光
どこから聞こえる鳥の歌
そうだよ　春がやってきた

ごらん
かげろうゆらゆら真夏の日
トンボすいすい庭のさき
雪がこんこん降りだせば
僕もワクワク踊りだす

自然をあなたの子どもに渡そう
読み書きなどを知る前に

おっと倒れた太った何か
ぼくがつくった雪だるま
おなかの溶けた雪だるま

明るく愉快な幼き日々は
決して消えない宝物
あのかけがえのない瞬間を
胸に刻んで生きている

陽気で元気な子どもは　大人の今も
胸を張って生きている

94「Snyd fanden for en taber（弱虫よ、しょげるな）」収載
"Jeg er noget" Ole Hyltoft 1986 訳詩：村上進

あとがき

「将来の世代が、軽蔑ではなく感謝の気持ちで我々を記憶するためには、
彼らにテクノロジーの奇跡以上のものを残さなければならない。
我々が終わらせた後の世界ではなく、
創られたときの世界をわずかでも見せられるように」
リンドン・B・ジョンソン

自然の中で遊ぶ子どもたちは、自分の中に自然との深い絆を創り出します。そこで子どもたちの内に目覚めた集中力は、元気を取り戻す場所、自分を見つめる場所、自分自身の存在が満たされる場所という形の、自然からの贈り物なのです。私たちの社会は、不協和の音と騒がしさにあふれています。けれども私たちは、自然の響きには不思議な静寂が満ちていて、私たちの心を静め、魂を休ませる力があることを知っています。

自然のもとでの教育は、さまざまな点から健康増進につながるといえます。このことはこの本の中でも述べてきました。私は、人が自然とつながるのは、私たち自身が内に自然を持っているからだと思います。私たちは何千年もの間、自然の中で暮らしてきました。自然とのつながりは、もはや遺伝子レベルで私たちに埋め込まれていると言ってもいいでしょう。それは人間の本質の一部です。けれども過去数世紀にわたり、人類は技術の進歩を追い求め、限界を乗り越えることばかりに熱心で、そのことをすっかり忘れていました。いくつかの画期的な成果や発明により、私たちの生活はある部分では楽になりました。しかし視点を変えてみると、問題はより複雑になっていたのです。技術の進歩により、私たちは自然から切り離されてしまいました。それは、私たち自身が、私たちの内なる自然、私たちの本質を手放したことを意味します。第1章で紹介した、リチャード・ループのいう「自然欠乏症候群」は、まさにこの実存的危機を表しています。かつて自分自身の一部であった、大切な何かが失われてしまったのです。

この本を執筆しながら、私は子どもたちのまわりにいつも自然があるということの大切さについて、あらためて深く考えました。私たちは何世代にもわたって、技術の発展にばかり心を奪われていたために、

自然とともにある、ということに目を向けていませんでした。それがどれほど大切なことかを、すっかり忘れてしまったのです。私たちの世代が、今ようやくその広がりの深刻さに気づきはじめた、自然破壊と気候変動の問題は、私たちの子ども世代、その後の世代にとっては、何をするにしても、避けて通れない基本条件になっているでしょう。今こそ私たちが責任を持って、かけがえのない自然とのつながりを回復する時です。それによって、私たちは自然を、そして自然を通して私たち自身を、もっと深く理解することができるでしょう。今この時から、自然を守るため、未来の私たちが自然につながっているために、さらに意識的に行動しようではありませんか。

ヘレ・ヘックマン[95]の言葉にあるように、「自然がこっちに来ないなら、私たちから行きましょう」。どの子どもにも、自然の中で生活する機会が与えられなければなりません。もちろん、すべての幼稚園や学校を野外にもっていくことは不可能でしょう。けれども、子どもたちの居場所、例えば遊び場やそれを取り巻く環境を考えるとき、私たちは今よりもっと真剣に、自然とのつながりを意識すべきです。自然を感じ、体験できるすばらしいオアシスは、街の中であっても創ることができます。私はそれが実現されている場所をたくさん見ました。将来の子どものために、そのような場所がもっともっと作られることを願っています。 さあ、外に出て顔を上げ、空を眺め、体のすみずみにまで満ちてくるこの喜びを、一緒に感じてみましょう。

95 Helle Heckmann：グローバルチャイルドケアコンサルタント
デンマークのシュタイナー幼稚園 Nokken 創設者

詳細資料

本書で取り上げたテーマについて、
もっと詳しく知りたいという熱心な読者の皆さまのために、
参考となるいくつかの資料を選んで掲載しました。

こども島ボンサイの理念と価値観

私たちの教育理念は「ボンサイに集うすべての子どもたちのそばに、子どもたちが、その内なる光を外に向かって放つことを支える、愛に満ちた、模倣に値する大人がいること」です。
そのために、私たちは下記のことを大切に考えます。

🍀 小さい子どもが背伸びをせず、小さいなりに自分らしく遊べる平穏な環境。

🍀 子どもの感覚を刺激する、身体の動きと野外生活のある毎日。

🍀 子どもたちがお互いに、あるいは一人遊びを通して、自信と想像力を伸ばすことのできる自由遊びの時間。

🍀 自然素材の簡素なおもちゃ。子どもたちの空想を邪魔せず、上質の感覚体験ができるよう、本物の素材でシンプルに作られたもの。

🍀 安全で、美しく、平和で家庭的な空間。美しくととのえられた環境は、子どもの気持ちをよい方へ導く。

🍀 一人ひとりの子どもによく配慮された、活気があり、調和のとれた毎日のリズム。常に同じでありながら生き生きとした、子どもの生理によく合ったリズムのなかで活動していると、子どもは安心し、調和と信頼のなかで自由に自分を伸ばすことができる。

🍀 栄養バランスのよい食事。有機野菜を使い、できる限りバイオダイナミック[96]の食材を用いる。

🍀 一人ひとりの子どもと真摯に向き合い、子どもの内面を深く見つめる。

🍀 自己肯定感を高め、子どもの魂がしっかりとからだに結びつくような、心と体の健康を重視した幼児教育。

🍀 日々の生活を、おとぎ話や歌、手遊びなど、子どもの空想と発達を刺激する要素で満たす。

🍀 子どもの模倣する力を大切に伸ばす。子どもは、自分を取り巻くすべてのものを模倣し、自らに刻み込むので、大人は常に、行動・ことば・ふるまいを意識し、模倣に値するよい模範として行動する。子どもを取り巻く物質的環境も同様に、常によい模範となるよう調和を保つ。

🍀 家庭と施設の間の架け橋を大切にし、子どもに関するお互いの認識を共有する。思いやり、誠実さ、相互信頼によって築かれたこの橋を、子どもが安心して行き来できなければならない。

---

96 バイオダイナミック農法：ルドルフ・シュタイナーが提唱した有機農法。農場
自体を一つの生命体と考え、農薬や化学肥料を使わず、月や惑星の動きに調和
させた農作業を行う。

ルドルフ・シュタイナーの幼児教育と人間観

こども島ボンサイの幼児教育は、ルドルフ・シュタイナーの教えを原点にしています。哲学者であるシュタイナーは、人間は霊的な存在であり、肉体・魂・霊から成り立っていると考え、アントロポゾフィーを提唱しました。「アントロポゾフィー」とは、「人智学」すなわち、人間を深く観察することから得る智恵の学問です。シュタイナーはアントロポゾフィーによって、医学、建築、農業など、多くの実践的分野に、それまでにない思想をもたらしました。シュタイナーの人間観は、端的に言えば、個別の能力や性格のある側面を発達させることではなく、全人的に理解し関与させようとするものです。そのようにして子どもは自分を認め、受け入れ、これを通して世界を探検する勇気を育てることができるのです。

最初のシュタイナー学校は、1919年にシュトゥットガルトで設立されました。この学校は、タバコ製造会社「ヴァルドルフ・アストリア」の社員と工場労働者の子どものために建てられたので、「ヴァルドルフ教育」と呼ばれるようになりました。それは現在も世界各国でシュタイナー学校の代名詞として使われていますが、デンマークでは一般に「シュタイナー学校」「ルドルフ・シュタイナー教育」として知られています。シュタイナーはその生涯に、信じられないほど多くの講義を精力的に行いました。彼自身の著作によるものと合わせ、その講義録は数々の示唆に富んだ、智恵の集大成として現代に伝えられています。シュタイナーは講義の最中にも、しばしば聴衆を指導し、彼の取り組んでいる分野における具体的な手法を説明していました。シュタイナー教育学の重要なポイントを、彼の言葉を引用して、いくつかここでご紹介しましょう。

> 「すべての教育は自己教育である。教師である我々は、自ら学ぶ子どもたちの "環境" にすぎない。子どもたち自身が、我々を通してその内なる運命によって自己教育できるよう、我々は最善の環境を渡さねばならない」
> （シュタイナー GA 306 1923）[97]

> 「子どもの知的判断力を前提に、教育を構築してはならない。子どもは自分の前にあるものはすべて真実で、善良で、美しいものとして受け入れたいと欲し、教師を真・善・美の模範として見ている。さらに教師は、子どもに対し真・善・美であるものを示すだけでなく、自分自身がそのようにあらねばならない。教師が教えたことではなく、教師自身の姿が子どもに引き継がれるからだ。そこで教えられることはすべて、具現化した理想として、子どもの前に置かれなくてはならない。教育は理論ではなく芸術作品なのだ」
> （シュタイナー GA 36 1922）[98]

97 Rudolf Steiner "The Child's Changing Consciousness and Waldorf Education" Lecture 6 GA 306 1923
98 Rudolf Steiner "A Lecture on Pedagogy" GA 36 1922

シュタイナー幼稚園や保育園で実践されている教育の特徴は、何よりもまず、子どもたちが子どものままでいられること、自由で、感覚の豊かな、遊べる子どもになることです。7歳未満の子どもは、論理的な説明ではなく、模倣によって学びます。私たちは子どもに、自分たちのしていることを説明しません。シュタイナー教育の根幹は、このシュタイナーの言葉のとおり、大人が、正しく、模倣に値する、信頼できる存在でなければならないということにあります。家庭でも施設でも、大人が自分の態度と行動によって、望ましい雰囲気をつくらなくてはなりません。最初の7年間、子どもは周囲の環境をことごとく真似るのです。大人の態度は重要です。大人が落ち着いて楽しく食事をしていれば、子どもも同じようにします。大人は、子どもたちに敬意をもって接し、それによって、子どもにも同じようにすることを教えなければなりません。シュタイナーは「すべての教育は自己教育である」と言いましたが、これは大人が自己を教育すると、すなわち自分の態度に常に注意を払い、言葉と行動の両方で良い模範となるように努めていると、子どもは自然にその模範となる人の行動を真似るようになり、自らを育んでいく、ということなのです。子育ては繊細になされるべきです。何かをはっきりと示し理解させるような方法を使わないことが理想です。

さまざまな年齢の段階にある子どもをより深く理解するため、シュタイナー教育では子どもの成長を7年ごとに区切って考えます。これを「七年期」と呼びます。

■第1・七年期（0 ～ 7歳）：世界は善であると感じ、それを信じることのできる環境が、模倣を通じて学ぶこの時期には必要です。大人は常に良い行動をとり、信頼と相互理解を示すことで、安心できる良い居場所を子どもたちに提供します。シュタイナーは、7歳までの子どもには、平穏な環境とリズムが特に大切だと言っています。日々の生活が規則的で安定しており、次に何が起きるのかという不安から解放されたときに、意思の力や空想力がもっとも発達するのです。

■第2・七年期（7 ～ 14歳）：世界は美しく、音楽や芸術のような美しいものが存在し、それを学ぶのはすごいことだという感覚を、子どもたちの内に育む時期です。そのためのしっかりとした枠組みを構築する必要があります。世界は素晴らしいことを大人が見せると、その感情は彼らに伝わります。子どものまわりの大人は「愛に満ちた権威」です。大人の、子どもへの愛があってこそ、美の感覚は子どもに伝えられるのです。

■第3・七年期（14 〜 21歳）：世界は真実であることが意味をもちはじめるこの時期、 若者は自分にとって
　　　　　　　　　何が真実であるかを深く考え、議論しはじめます。自分の価値観、自立した判
　　　　　　　　　断力が培われ、真実の世界への扉が開かれます。この時期に大切なのは、自
　　　　　　　　　らの内面をふり返り、静かに考え、他者と意見を交わし、新しい啓示を得るよ
　　　　　　　　　うな場と時間が与えられていることです。

― 生命力 - 子どもをつくる形成力 ―

シュタイナーが「エーテル体」あるいは「形成力体」と呼んでいた概念を、私たちは現代の教育現場では「生
命力」と言い換えています。生命力は35歳になるまで人間を育て、その後、徐々に弱まります。生命力は身体
のすみずみにまでゆきわたり、命を与え、物質的な肉体を維持します。 体の成長と構築、その動きはすべて
物質的な肉体のはたらきです。想像力と免疫系もこれに含まれます。空想と運動が、体を修復するのです。子
どもは外に出てそこにあるものに触れ、全身で感じ、世界をつかむことが必要です。そのためには、できる限
り自然に囲まれた場所、あるいはどこかに自然のある場所で過ごさなくてはなりません。

生命力は子どもの時に最も強く、特に0歳から7歳の間では、人間の内に働く最も支配的な力です。その期間は
物質的な肉体が形成される時期であり、健康な身体を発達させるために必要な、さまざまな臓器、特に脳を形
成させます。したがって、この最初の7年間は、生命力が肉体を形づくるために役立つ刺激で、子どもを満た
すべきなのです。子どもたちは成長し、生命力によって養われています。私たちは、静かな、しかし明確に意
識されるリズムをもって、子どもの内なる力を邪魔しないように、子どもが霊的に成長するようにと、この生命
力を養っているのです。 この時期、自然は子どもが過ごす場所として最高の環境です。子どもの生命力は、生
きて動いている自然によって強められ、それによって自らを形づくり、成長することができるからです。 シュタイ
ナーによると、最初の7年間で十分に生命力が強められないと、その後の健康に影響がでるおそれがあるとい
うことです。

近年になって、最新の研究の多くがシュタイナーの考えを裏付けているのは興味深いことです。 子どもが脳内
のミラーニューロンを通して学習することが解明されたのは、ごく最近のことです。子どもは日々の生活の中で、
まわりの人々がしていることを観察し、模倣することによって学びます。 その時、脳の神経ではミラーリングが
常に起こっているというのです。これはまさに、シュタイナー教育学の基本的な理論が述べていることと同じです。

保護者の意見

この本を出版するにあたり、私たちは幼稚園の保護者たちに、森のようちえんに子どもを通わせた体験、その長所と短所、森のようちえんを選んだ理由について質問しました。 ある男の子の保護者は次のように書いています。

> 「外に出て自然のもとで過ごすのは息子にとって健康的なことです。そこにある新鮮な空気、森の香り、さまざまな色彩が、彼の体と心を発達させました。自然のさまざまな生物にも接することができ、いのちを大切にすることを学んでいます。思いっきり体を動かして、粗大運動能力、繊細運動能力の両方が発達します。彼は自然と一体となり、自信と自己肯定感を持ったと感じました。人間を育成し、驚くべき癒しを与える場所だと思います」

> 「最近ランタン祭りに参加しました。教員たちが歌い太鼓をたたくのを聞きながら、炎の光を見つめました。このような心落ち着く時間が子どもたちにどんなに良いことか、疑う余地もありません。子どもたちが、自然や音楽と結ぶ絆はとても重要です。言葉にするのは実に難しいですが……カタツムリや花の香りに触れた子どもたちのときめきは、その赤い頬っぺを見ればわかります……息子が言うには「いかした香りがする」のだそうです。息子は一人でよじ登れることが自慢です。石ころや削った枝への感激を分かち合うこと……焚火のまわりに座ってゆったりすること……これらすべての体験が、子どもたちを釘付けにして空想力と意志の力をダメにするデジタル画面、冷たい LED 照明、ピカピカと点滅を繰り返す玩具に対する、大きな対抗力になりました」

複数の家族が、自分の子どもが幼稚園で毎日外に出て、自然の中で過ごすことで、自分たちの家庭の、日々の生活の助けとなっていること、それによって自分たちが良心の責めを負うことなく、生活を豊かにするものであったことを告白しています。

> 「子どもたちが屋外で風や気候の変化、自然を体験できたことがよかった。私たち自身はアウトドア人間ではないので、自分たちの子が幼稚園で体験してくれるのは嬉しい。自分は森にそれほど行かないけれど、良心を責められることがない」

> 「大人の勝手な都合ですが、子どもたちが一日中、外にいさせてもらって、新鮮な空気の中ですごしていることが分かっているというのは、ありがたいことです。私たちが午後じゅう家の中にいてお

しゃべりをしていたり、家事をしていたことに、後ろめたい思いをしなくていいのですから」

子どもを家庭以外の場所に預けることは、知らなかった伝統や、他者の影響を受けることにも寛容になることを意味します。

「子どもたちには、あまり早い時期にひとつの考え方にとらわれてしまわないよう、想像力を自由に発揮してほしいと願っています。そのために屋外で新鮮な空気を吸い、空を眺め、鳥の声や木々のざわめき、水のせせらぎを聞き、季節の移り変わりを感じる必要があるのですね。自然とリズムに導かれた生活の哲学というものが少しわかってきて、家でもそれを実践しています。それは子どもをここに通わせてみて、私たち家族が得たたまものです」

ある男の子の保護者は、森の幼稚園の毎日を通して子どもの成長を感じることが、どれほど喜ばしいことかを書いています。

「息子は毎日、健康的な良い疲れ方で、家に帰ってきます。それは彼が一日中、自然な起伏のある場所をよじ登ったり、穴を掘ったり、全身で冒険を楽しんでいるからです。彼の体と運動能力はめざましく発達し、信じられないほどのたくましさで、世界を受けいれるやりかたを身につけていきました。どんなに寒かろうが、雨やみぞれが降っていようが、外で遊びたいという彼の気持ちは少しも揺らぐことがありません。森の中で遊ぶのを見ていて、彼はそこでとても大切な、自然との関係を教わっているのだと思いました。季節の移り変わり、植物や動物のいのちの始まりと終わり。日々、森の中では、いのちの不思議がはっきりと目に見える形で描かれるのです。彼は石ころや小枝などを持って帰ってきますが、それはただの石や枝ではありません。フラワーポットの宝箱にしまってある枝の形をした物は、川、馬、芝刈り機、自動車のハンドル、空気入れ、リモコンなのです。森の

中で見つけた物で遊んでいると、つぎつぎと空想の世界が広がって私たちを導き、大人になっても すばらしい想像力を持ち続けることができると知りました」

送迎バスを使って子どもを幼稚園に通わせることには、メリットとデメリットがあります。 私たちの園では約半数 が送迎バスを使っています。 以下は、バス通園に関してのいくつかの注意事項と、実際にデメリットをどのよう に解決するかについての意見です。

「距離が問題です。自宅が遠いので、すぐに迎えに行けません」

「子どもだけが幼稚園に行ってしまうので、教員や、他の子どもや保護者となかなか会えないのが 残念。私たちは子どもを幼稚園まで迎えに行くことはめったになく、忘れ物や着替えの交換は、イ ベントのある日や保護者会の機会を使ってしている」

「衣類への要求が高く、天気と季節に特別注意する必要がある」

「幼稚園の送迎バスは決まった時間に来るので、生活リズムに融通が利かない」

「バスに添乗してくる教員と、衣類など実務的な事や、心配事についてたくさん話す」

「息子が森の幼稚園から帰宅すると、本当に疲れています。そのため幼稚園の後、友人や知り合い の子たちのように習い事に通わせることができません。でも別にそれが残念だということはありませ ん。息子は幼稚園にいる間に、この子に必要な挑戦をし、たくさんの刺激をうけています。家に帰 ったらゆっくり休めばいいのです」

デンマークにおける保育施設と幼児教育者の役割

デンマークでは、保護者の就業率が高く（約90％）子どもの保育の必要性が大きいのです。生後3か月から就学年齢まで、すべての子どもにフルタイムの保育を提供することが、1976年以来、地方自治体に義務付けられています。これは「保育保証」という制度で、子どもは3歳までは保育園または施設外保育者[99]、3歳から就学するまで幼稚園または施設外保育者[100]に預けられます。両方の年齢層を受け入れる総合保育施設もあります。公立と私立の施設があり、私立施設の運営にも公的な資金援助があります。平均的な施設の通常の開園時間は、多少の差はあるものの、午前6時30分から午後5時までです。

― デンマークの幼児教育者 ―

デンマークでは、幼児教育者は子ども一人ひとりを総合的な観点で考え、全人的な保育に取り組んでいます。保育と教育は一体であり、学び・健康・社会的および感情的な幸福のすべて実現するように求められています。国民のほとんどの子どもが、家庭以外の場所に預けられて育つのですから、幼児教育者は社会的にも重要な立場にあります。幼児教育者には4つの主な役割があります[101]。

1、よい刺激にあふれた創造的な空間で、日々子どもたちが成長できるよう、安心で心地よい環境を作り出す
2、子どもたちが模倣する模範となる
3、子どもたちの社会的および感情的な発達を支える
4、保護者との協力体制をつくる

デンマークの幼児教育施設と施設外保育の文化に、民主主義と人間愛が強く現れているのは、デンマークの社会規範と価値観によるところが大きいです。保護者と幼児教育者は、子どもが自己肯定感と自立心を発達させることを重視し、子どもたちは幼い頃から、それぞれの能力を伸ばし、挑戦し、刺激をうける機会があります。子どもが新しいことに挑戦し、そのリスクを自分で判断できるようになることは、基本的な生活能力であって、それを身につけさせるのは重要かつ基本的な教育であると考えられています。学びの中にリスクと挑戦があるのは当然であり、リスクの適切に判断する方法を学ぶことをサポートし、導くことは幼児教育者の仕事なのです[102]。

99 kommune：コムーネ（日本の市町村に相当する）
100 デイケアマザー、いわゆる「保育ママさん」
101,102 Williams-Siegfriedsen 2017

179

参照文献　　著者名（刊行年）　本文ページ

Barfod, Karen; Bendix, Malene (2012)　162
　　　　　Udeskole – viden i virkeligheden. En kort vejledning om udeskolens praksis og didaktik. Skoven i Skolen
　　　　　og VIA University College.
　　　　　Online source: http://www.skoven-i-skolen.dk/sites/skoven-i-skolen.dk/files/filer/PDF-filer/udeskole_
　　　　　printnet_final.pdf

Ejbye-Ernst, Niels (2013)　22, 24, 52
　　　　　Pædagogers formidling af natur i naturbørnehaver. Ph.D. afhandling, Århus Universitet. /in Ejbye-Ernst,
　　　　　N. Naturbørnehaver i Danmark.
　　　　　Online source: https://www.leksikon.org/art.php?n=5230

Ejbye-Ernst, Niels; Lysklett, Olav Bjarne (2015)　30
　　　　　Er naturen farlig? Om børns leg i naturbørnehaver. /in Sandseter, E.B.H; Jensen, J.O. Vildt og Farligt –
　　　　　Om børns og unges bevægelseslege. Akademisk Forlag.

Elholm, Grethe; Linneberg, Allan; Husemoen, Lise Lotte N; Omland, Øyvind; Grønager, Pernille Milvang; Sigsgaard,
Torben; Schlünssen, Vivi. (2016)　30
　　　　　The Danish urban-rural gradient of allergic sensitization and disease in adults. Clinical & Experimental
　　　　　Allergy

Elverkilde, Stine (2017)　110
　　　　　Ledelse af kvalitet i pædagogisk praksis. Synlig læring og kvalitetsudvikling i dagtilbud. Dafolo.

Fredens, Kjeld (2018)　29, 36, 45, 50, 162
　　　　　Læring med kroppen forrest. Hans Reitzels Forlag.

Goebel, Wolfgang; Glöckler, Michaela (1991)　45, 47, 52
　　　　　Kindersprechstunde: Ein medizinisch-pädagogischer Ratgeber
　　　　　『小児科診察室―シュタイナー教育・医学からの子育て読本』ミヒャエラ・グレッグラー、ヴォルフガング・
　　　　　ゲーベル（著）／入間カイ（訳）水声社

Grahn, Patrik; Mårtensson, Fredrika; Lindblad, Bodil; Nilsson, Paula; Ekman, Anna. (2000)　29, 30, 42, 120, 150
　　　　　Børns udeleg -betingelser og betydning. Forlaget Børn og Unge.

Hyltoft, Ole (1982)　165
　　　　　Snyd fanden for en taber. Frie Børnehavers forlag.

Hart, Susan; Møller, Ida (2001)　37
　　　　　Børn, neuropsykologi og udvikling – om udviklingsforstyrrelser hos børn belyst ud fra det dynamiske
　　　　　samspil mellem neuropsykologiske og udviklingspsykologiske faktorer. Kognition & Pædagogik, No. 39.

Hart, Susan (2016)　45, 47, 66
　　　　　Neuroaffektiv udviklingspsykologi
　　　　　1: Makro- og mikroregulering. Hans Reitzels Forlag.
　　　　　2: Fra tilknytning til mentalisering. Hans Reitzels Forlag.

Kaplan, Rachel; Kaplan, Stephen (1989)　30, 41
　　　　The Experience of Nature. A Psychological Perspective. Cambridge University Press.

Lerstrup, Inger (2016)　150
　　　　Green Settings for Children in Preschools. Affordance-based Considerations for Design and Management. PhD Thesis April 2016. Department of Geosciences and Natural Resource Management, University of Copenhagen.

Louv, Richard (2005)　34
　　　　Last child in the woods. Algonquin Books.
　　　　『あなたの子どもには自然が足りない』リチャード・ルーブ（著）／春日井晶子（訳）早川書房

MacNamara, Deborah (2018)　66
　　　　Barnets udvikling gennem tilknytning og leg. Forstå førskolebarnet (eller hvem som helst, der opfører sig som et). Blue Pearl.

Nedergaard, Maiken (2017)　135
　　　　Stimuler nattens renseproces. Naturli 2017-06
　　　　Online source: https://sund.ku.dk/nyheder/2017/03/maiken-nedergaard-saetter-fokus-paa-soevnmangel-i-sundhedsmagasinet./

Rosengren, Rikke; Lyzet, Nana (2014)　131
　　　　Mad og nærvær - Lækker vegetarisk mad i daginstitutionen. Frydenlund.

Sandseter, Ellen Beate Hansen (2015)　30, 74, 75
　　　　Boblende glæde og et sug i maven: risikofyldt leg i daginstitutionen. /in Sandseter, E.B.H; Jensen, J.O. Vildt og Farligt – Om børns og unges bevægelseslege. Akademisk Forlag.

Selhub, Eva M; Logan, Alan C.　(2014)　16
　　　　Your Brain on Nature. The Science of Nature's Influence on your Health, Happiness and Vitality. Collins.

Skaarup Blendstrup, Tina (2015)　36, 47
　　　　Bevægelse er fundamental for børn
　　　　Online source: https://dcum.dk/artikler-og-debat/bevaegelse-er-fundamental-for-boern

Soesman, Albert (2011)　114
　　　　Die zwölf Sinne: Tore der Seele
　　　　『人智学講座 魂の扉・十二感覚』アルバート・ズスマン（著）／石井 秀治（訳）耕文舎叢書3 イザラ書房

Steiner, Rudolf, GA 34 (1907, 1996 edition)　116, 125
　　　　Die Erziehung des Kindes vom Gesichtspunkte der Geisteswissenschaft.
　　　　『教育の方法―シュタイナー教育基礎講座』ルドルフ シュタイナー（著）／西川 隆範（訳）アルテ

Steiner, Rudolf, GA 36 (1922)　37, 172
　　　　A Lecture on Pedagogy.
　　　　Online source: https://wn.rsarchive.org/GA/GA0036/LecPed_index.html

Steiner, Rudolf, GA 40 (1912, first edition)   107
    Anthroposophischer Seelenkalender.
    『ルドルフ・シュタイナーによる魂のこよみ』1985, ルドルフ・シュタイナー（著）／高橋巌（訳）イザラ書房

Steiner, Rudolf, GA 40 (1918, 1982 edition)   41
    Anthroposophischer Seelenkalender.
    Online source: https://wn.rsarchive.org/Articles/GA040/English/AP1982/GA040_index.html
    『ルドルフ・シュタイナーによる魂のこよみ』1985, ルドルフ・シュタイナー（著）／高橋巌（訳）イザラ書房

Steiner, Rudolf, GA 212 (1922)   43
    The Human Heart.
    Online source: https://wn.rsarchive.org/GA/GA0212/19220526p01.html

Steiner, Rudolf, GA 229 (1923)   100
    The Four Seasons. Archangels, The Michael Imagination.
    Online source: http://www.rsarchive.org/GA/index.php?ga=GA0229

Steiner, Rudolf, GA 303 (1923)   37, 67
    Barnets opdragelse set ud fra åndsvidenskabens synspunkt, Pædagogik og moral. Antroposofisk Forlag.

Steiner, Rudolf, GA 306 (1923, 1996 edition)   172
    Die pädagogische Praxis vom Gesichtspunkte geisteswissenschaftlicher Menschenerkenntnis.
    『シュタイナー教育の実践』ルドルフ シュタイナー（著）／ 西川 隆範（訳）イザラ書房

Steiner, Rudolf, GA 308 (1924, 1997 edition)   113
    The Essentials of Education.
    Online source: https://www.rsarchive.org/Download/Essentials_of_Education-Rudolf_Steiner-308.pdf
    『あたまを育てるからだを育てる』ルドルフ シュタイナー（著）／ 西川 隆範（訳）風濤社

Vigsø, Bent; Nielsen, Vita (2006)   29, 43
    Børn og udeliv. CVU Vest Press.

Williams-Siegfriedsen, Jane (2017)   22, 179
    Understanding the Danish Forest School Approach. Early Years Education in Practice. Routledge.

北欧の森のようちえん
自然が子どもを育む
－デンマーク・シュタイナー幼稚園の実践－

発行日　2020 年 4 月 20 日　初版第 1 刷発行
　　　　2021 年 6 月 20 日　　　第 2 刷発行

著　者　リッケ・ローセングレン
訳　者　ヴィンスルー美智子、村上進
写　真　Jo Gregersen, Stine Heilmann, Julie Hjøllund, Anita Lindberg,
　　　　Frida Møl Kristensen, Rikke Rosengren, Ryoma Rosengren
　　　　Front page photographer: Frida Møl Kristensen
挿　画　Freia Faber
協　力　遠藤孝夫、森 章吾、合田有希
装　丁　赤羽なつみ
発行者　村上京子
発行所　株式会社イザラ書房
　　　　369-0305 埼玉県児玉郡上里町神保原町 569
　　　　tel 0495-33-9216　fax 047-751-9226
　　　　mail@izara.co.jp　http://www.izara.co.jp/
印　刷　株式会社シナノパブリッシングプレス

Printed in Japan, 2020 © Izara Shobo
ISBN978-4-7565-0145-5　C0037

イザラ書房の教育関連書

社会問題としての教育問題
自由と平等の矛盾を友愛で解く社会・教育論

シュタイナー 著／今井重孝 訳
シュタイナーの人間論と教育論、社会論の相互関係がわかる貴重な一冊。分かり易く貴重な訳者解説が充実。
◉定価2,500円＋税／ISBN978-4-7565-0134-9

毎日の大切なこと　日々の暮らしが子どもを育む

岩崎一女 著
シュタイナー浦和保育園園長の著者がおくる日々の気づきや人間の成長のためのシンプルで大切な提案エッセイ集。
◉定価1,400円＋税／ISBN978-4-7565-0098-4

子ども・絵・色
シュタイナー絵画教育の中から

としくら えみ 著・絵
子ども達の絵を使い、幼児絵画論と技法を紹介。やさしい絵とあたたかい言葉は、子どもの「生きる力」をはぐくむ。
◉定価2,100円＋税／ISBN978-4-7565-0072-4

ネイチャーコーナー

レーウェン＆ムースコップス 著／松浦賢 訳
「季節のテーブル」とも呼ばれシュタイナー教育の現場では折々の草花、木の実、人形などを部屋の一隅に飾る。その方法を紹介。
◉定価2,500円＋税／ISBN978-4-7565-0078-6

メルヘンウール

ダグマー・シュミット＆フライヤ・ヤフケ 著／松浦賢 訳
羊毛で描くメルヘンウール絵や壁飾りなどの手法を解説。羊毛の香りと手触りが子どもの創造力を高める。
◉定価2,500円＋税／ISBN978-4-7565-0079-3

フェルトクラフト

ペトラ・ベルガー 著／松浦賢 訳
簡単にできて壊れにくく柔らかい感触とカラフルな色から生まれるマスコットたち。子どものファンタジー形成や成長に。
◉定価2,500円＋税／ISBN978-4-7565-0080-9

メイキングドール

ズンヒルト・ラインケンス 著／松浦賢 訳
シュタイナー教育の場で広く作られているヴァルドルフ人形の作り方を紹介。優しさと思いやりの気持ちを呼び起こす手助けに。
◉定価2,500円＋税／ISBN978-4-7565-0082-3

シュタイナー教育 [新訂版]

C.クラウダー・M.ローソン 著／遠藤孝夫 訳
シュタイナー教育の全体像を極めて簡潔に、しかも分かりやすく説明しており、シュタイナー入門書として最適な書。
◉定価2,300円＋税／ISBN978-4-7565-0128-8

霊学の観点からの子どもの教育 [完全版]

シュタイナー 著・講演／松浦賢 訳
シュタイナー教育思想の核心。基本文献を講演版とあわせて収録した初の完全版、最も重要な基本文献。
◉定価2,300円＋税／ISBN978-4-7565-0084-7

子どもの体と心の成長

カロリーネ・フォン・ハイデブラント 著／西川隆範 訳
子どもの気質および生活全般についての本質的な示唆が素晴らしいシュタイナー教育第一の古典の書。
◉定価2,330円＋税／ISBN978-4-7565-0050-2

ちいさな子のいる場所 [改訂版]
妊娠・出産・私の家のシュタイナー教育

としくら えみ 著・絵
シュタイナー幼児教育者自身の体験による家庭でできるさまざまな工夫が盛り沢山。春夏秋冬の季節のテーブルイラスト付。
◉定価2,000円＋税／ISBN 978-4-7565-0102-8

イースタークラフト

トマス＆ペトラ・ベルガー 著／松浦賢 訳
キリストの復活を祝うイースターは、春を楽しむお祭り。再生や生命の象徴である卵やウサギのクラフトの作り方を解説。
◉定価2,500円＋税／ISBN978-4-7565-0083-0

ハーベストクラフト

トマス・ベルガー 著／松浦賢 訳
ヨーロッパでは、秋に大天使ミカエルを祭る。お祝いのクラフトを色づいた木の実や金の穂などの秋の素材を使って。
◉定価2,500円＋税／ISBN978-4-7565-0086-1

ローズウインドウ＆クリスマスクラフト [改訂版]

トマス・ベルガー／ヘルガ・マイヤーブレーカー著／松浦賢 訳
光と色で遊ぶローズ・ウインドウ（薔薇窓）の型紙の精度を上げ、作り方の解説を解りやすく書き直した改訂版。
◉定価2,800円＋税／ISBN978-4-7565-0129-5